KB043158

난제의 시작과 끝은 공자의 말씀

결국은 논어

공자 지음 ◉ 정영수 옮김

차례

일러두기

· 이 책은 《논어》를 쉽게 이해할 수 있도록 현대 한국어로 번역한 것이다.

· 번역에 참고한 주석서는 황간(皇侃)의 《논어의소(論語義疏)》, 주희(朱熹)의 《논어집주(論語
集註)》, 유보남(劉寶楠)의 《논어정의(論語正義)》, 정약용(丁若鏞)의 《논어고금주(論語古今
註)》 등이다.

· 주석은 인명(人名)과 지명(地名)을 위주로 하고 내용적인 측면은 가독성을 위해 최소화했다.

들어가는 말

고전이란 오랜 시간 동안 생명력을 잃지 않고 살아남은 책을 말한다. 현존하는 수많은 고전이 현재까지 살아남을 수 있었던 이유는 무엇일까? 그것은 아마도 인류가 수많은 경험을 통해 축적한 지혜의 원천이기 때문일 것이다. 우리가 살아가는 이 시대는 원하는 사람이라면 누구나 인류의 지혜가 담긴 샘에서 언제든 자신의 갈증을 해결할 수 있다.

갈수록 첨단 과학기술이 지배하는 사회로 변해가는 오늘날, 케케묵은 고전을 추천한다는 것은 어리석은 일일지도 모른다. 그런데도 필자는 지금으로부터 2,500년 전에 만들어진 《논어》를 추천하고자 한다. 수많은 고전 가운데 왜 하필이면 《논어》일까?

공자가 살던 시대는 오늘날과는 매우 달랐다. 오늘날 이 시대는 어떤가? 팬데믹으로 전 세계가 몸살을 앓고, AI 인공지능 시대가 도래해 있다.

이러한 시대에도 여전히 《논어》를 읽을 가치가 있을까? 읽을 가치가 있다면 왜일까? 팬데믹은 이제 전 세계가 서로 무관하지 않은 지구촌 시대임을 증명해주고 있다. 또한 AI 인공지능은 디지털 지성체를 지닌 존재로서 인간의 지적 능력으로는 도저히 따라갈 수 없는 일을 수행할 수 있게 되었다. 앞으로 인간이 하던 많은 일을 인공지능이 대신할 것이다. 이런 시대에 《논어》를 읽어야 하는 이유는 무엇일까?

먼저, 팬데믹을 경험하면서 우리가 확실하게 인지한 사실 중 하나는 세계적인 전염병을 극복하기 위해서는 홀로 잘해서는 안 된다는 것이다. 그것을 극복하기 위해서는 혼자가 아닌 공동체의 연대가 필요하다. 《논어》에서 공자는 인간을 홀로 살아가는 존재가 아니라 타인과 함께 공존해야 하는 존재로 규정하고 있다. 인간이 다 함께 공존하기 위해서는 인(仁), 의(義), 예(禮), 지(知) 등이 필요하다. 인, 의, 예, 지는 동아시아 사회에서 2,000년 이상 중요한 역할을 해온 덕목들이다. 《논어》는 동아시아 사회를 지탱해온 가치를 이해할 수 있는 저장고이다.

다음으로, 인공지능 시대에는 이전의 시대보다 더욱 '인간이란 어떤 존재인가?' 하는 물음이 중요한 의미를 지니게 되었다. 인공지능(AI)과 다른 인간만의 고유성은 무엇일까? 이러한 물음에 답하지 못한다면 인간은 인공지능보다 열등한 존재로 전락할지 모른다. 공자는 인간의 고유성을 배움과 도덕으로 이해했다. 다시 말하면, 인간이 인간일 수 있는 이유는 배움을 통해 끊임없이 성장하는 존재이기 때문이다. 뿐만 아니라 인간은 타인의 고통에 함께 슬퍼하고 도움의 손길을 내미는 도덕적인 존재이다.

물론, 앞에서 말한 《논어》를 읽어야 하는 두 가지 이유가 책을 읽는다고 해서 곧바로 이해될 수 있는 것은 아니다. 하지만 《논어》를 한 구절 한 구절 천천히 읽고 음미하다보면 공자가 말하려는 의도가 희미하게나마 이해되리라 생각한다. 중국 북송 시대의 철학자인 정이천이 말한 것처럼 독자 여러분도 《논어》를 읽고 감동하여 손이 움직이고, 발이 춤을 추는 감흥이 일어나길 바란다. 또한 《논어》를 읽고 이전보다 더 성숙한 인간이 되기를 간절히 바란다. 필자는 이렇게 추천할 수 있을 뿐 나머지는 독자 여러분의 몫이다. 《논어》를 통해 인간으로서 성숙해지는 즐거움을 만끽하기를 바란다.

2022년 9월 **정영수**

길 위의 철학자 공자

◆◆◆◆
1. 공자의 생애와 그가 살았던 시대

탄생 : 야합(野合)

위대한 성인의 탄생은 과연 어떠했을까? 우리는 흔히 위대
한 성인의 탄생에는 보통 사람과 다른 특별한 무엇이 있지 않
을까 기대한다. 예를 들어 신라 제1대 왕이자 박 씨의 시조인
박혁거세처럼 알에서 태어나거나 예수처럼 동정녀 마리아의
잉태로 태어나는, 일반적인 상식을 뛰어넘는 탄생 설화를 기
대한다. 그러면 유가 철학의 창시자이자 세계 4대 성인으로
추앙받는 공자의 탄생은 어떠했을까? 《사기》의 저자인 사마
천(司馬遷)은 〈공자세가〉에서 공자의 탄생을 말하면서 '야합(野

合)'이라는 표현을 사용했다. 국어사전에서 찾아보면 '야합'은 '남녀 간의 합당치 못한 결합'을 뜻한다. 사마천은 왜 하필 유가 철학을 창시하고 위대한 성인으로 추앙받는 공자의 탄생에 '야합'이라는 표현을 사용했을까?

사마천은 《사기》〈공자세가〉에서 공자의 선조는 송(宋)나라에서 살았고, 공자는 노(魯)나라 추읍(陬邑)에서 태어났다고 기록했다. 공자의 아버지는 숙량흘(叔梁紇)이고, 어머니는 안(顔)씨였다. 아버지 숙량흘은 안 씨 외에도 부인이 두 명 더 있었다. 하지만 숙량흘은 첫 번째 부인이 딸만 아홉 명을 낳고, 두 번째 부인이 다리가 불편한 아들 한 명(맹피)을 낳았기에 건강한 아들을 갖고 싶었다. 특히 숙량흘은 뛰어난 장수였기에 건강한 아들을 갖고 싶은 마음이 매우 컸다. 이런 이유로 숙량흘은 나이가 70세인데도 불구하고 16세인 안징재(安徵在)와 결혼했다. 오늘날의 상식으로도 70세의 남자와 16세의 여자가 결혼한다는 것은 이해하기 어려운 일이다. 당시에도 그것은 예법에 맞지 않았기에 사마천은 두 사람의 결혼을 '야합'이라고 표현했다. 숙량흘과 안징재는 결혼 후에 니구산(尼丘山)에서 기도를 하고 공자를 낳았다.

공자의 이름은 '구(丘)'인데, 태어날 때부터 머리 정수리 쪽이 언덕처럼 움푹 패어 있었기 때문에 '언덕'을 의미하는 글자인 '구(丘)'를 이름으로 삼았다. 공자의 자(字)는 중니(仲尼)인데, 공자의 아버지와 어머니가 니구산에서 기도하여 얻었기 때문에 둘째 아들을 의미하는 '중(仲)' 자와 '니(尼)' 자를 합하여 '중니'라고 했다. 《논어》에서는 공자를 '구'라고 표현한 곳도 있고, '중니'라고 표현한 곳도 있다.

성장 : 배움에 뜻을 두다

공자의 아버지는 공자가 세 살 때 세상을 떠났다. 공자는 홀어머니 밑에서 자라났다. 공자는 어렸을 때 아이들과 놀 때 제기(祭器)를 늘어놓고 제사 지내는 놀이를 자주 했다고 한다. 어려서부터 제사와 관련된 놀이를 통해 예(禮)와 친숙해졌는지도 모른다. 공자는 15세 즈음부터 "배움에 뜻을 두었다(《논어》〈위정〉편)." '배움에 뜻을 둔다'는 것은 삶의 방향성을 배움에 둔다는 말이다. 공자는 청소년 시절부터 배움에 뜻을 두고 죽음의 순간까지 배움의 자세를 잃지 않고 실천했다.

성년이 된 공자는 결혼을 하고, 자식을 낳고, 생계를 위해 힘든 일을 했다. 공자는 19세에 송나라 병관씨(幷官氏)의 딸과 결혼하고, 20세에 아들 이(鯉)를 낳았다. 20세 때부터 창고 관리를 맡는 하급 관리인 '위리(委吏)'로 일하게 되었다. 21세에는 가축을 관리하는 '승전(乘田)'이 되었다. 이처럼 공자는 생계를 위해 힘든 일을 마다하지 않고 성실하게 일했다. 24세에 공자의 곁을 묵묵히 지켜주던 어머니가 세상을 떠났다. 공자는 27세에 노나라를 방문한 담(郯)나라의 담자(郯子)를 만나 고대의 관직 제도에 대해 배웠다. 공자는 하급 관리로 바쁘게 지내면서도 배움을 향한 뜻을 굽히지 않고 열심히 앎을 확장해나갔다.

공자는 "30세에 자립했다(《논어》〈위정〉편)." 즉, 공자는 30세에 예(禮)를 배워 자신이 가야 할 길에 대한 확신을 갖고 사회적 관계에서 필요한 행동 양식에 대한 앎을 확립했다. 공자는 학문에 대한 열정과 뛰어난 실력으로 노나라에서 예(禮) 전문가로서 명성을 얻게 되었다. 공자 나이 34세에는 노나라의 대부 맹희자(孟僖子)가 죽기 전에 아들에게 공자에게 예(禮)를 배우라고 유언하기도 했다. 35세에 공자는 정치적 격변으로 혼란에 빠진 노나라를 떠나 제(齊)나라로 가서 잠시 머물다가 다시 돌아왔다. 공자는 노나라에 돌아온 이후 벼슬을 하지 않고 제자들을 가르치기 시작했다.

공자는 "40세에 미혹되지 않았다(《논어》〈위정〉편)." '미혹'이란 일의 옳고 그름을 잘 판단하지 못하는 것을 말한다. 공자는 40세가 되어서야 옳고 그름을 명확하게 판단할 수 있게 되었다고 말한다. '불혹'이라는 말은 오늘날 한국 사회에서 40대

를 가리키는 관용어로 사용되고 있는데, 이 말이 바로 여기에
서 유래했다. 40대에는 사회에서 요구하는 양식과 지식을 쌓
고, 그에 따라 일의 옳고 그름을 판단할 수 있는 인간이 되어
야 한다는 뜻이다.

공자는 "50세에 천명(天命)을 알았다(《논어》〈위정〉편)." 즉, 공
자는 50세에 사회와 국가에 필요한 보편적인 가치를 인식하
게 되었다. 50대는 개인적인 성공을 넘어 자신이 속한 사회가
나아가야 할 미래가 무엇인지, 그리고 성취해야 할 보편적인
가치가 무엇인지 성찰해야 하는 나이이다.

공자는 51세에 노나라 중도(中都)라는 곳의 재상으로 임명되
어 훌륭한 정치를 펼쳤다. 52세에 노나라의 법을 관장하는 사
공(司空)이 되고, 다시 오늘날의 법무장관에 해당하는 대사구
(大司寇)가 되었다. 그해 여름에 노나라 정공과 제나라 경공이
제(齊)나라 협곡에서 회담할 때 공자는 의례를 맡았다. 이 회
담에서 노나라가 빼앗긴 땅을 돌려받음으로써 공자의 명성이
드높아졌다. 54세에 공자는 노나라의 정치를 바로잡기 위해
당시에 정치적 실세였던 대부 3명의 도읍을 함락시키고 성(城)
을 허물려고 했지만, 맹손씨(孟孫氏)의 성읍(城邑)을 함락시키
지 못했다.

방랑 : 천하를 두루 돌아다니다

55세에 공자의 정치적 노력으로 노나라가 잘 다스려지자, 제나라에서 이를 방해하기 위해 미녀와 악공을 보내 유혹하여 노나라 정공의 관심이 정치에서 멀어졌다. 정공이 여색과 음악에 빠져 정치에 소홀해지자 공자는 이에 실망하고 노나라를 떠나 위(衛)나라로 갔다. 하지만 위나라에서도 공자의 견해는 받아들여지지 않았다. 이에 실망한 공자는 위나라에서 진(陳)나라로 가던 중 광(匡) 땅에서 자신과 생김새가 비슷한 악덕 정치인인 양호로 오해받아 곤란을 겪었다. 59세에 위나라를 떠나 진(晉)나라로 가던 중 조간자(趙簡子)가 현인 두 사람을 죽였다는 말을 듣고 다시 위나라로 돌아갔다.

공자는 "60세에 귀가 순해졌다(《논어》〈위정〉편)." 즉, 공자는 60세가 되어 타인이 나에게 좋지 않은 말을 하더라도 포용할 수 있을 만큼 관대한 마음을 가지게 되었다는 말이다. 공자는 60세에 위나라를 떠나 송(宋)나라로 가던 도중에 사마환퇴(司馬桓魋)가 죽이려 하자 정(鄭)나라로 갔다가 다시 진(陳)나라로 갔다. 공자는 63세에 오(吳)나라가 진(陳)나라를 침략하여 혼란에 빠지자, 진(陳)나라를 떠나 채(蔡) 지역으로 가다가 지역 주민들에게 포위되어 식량이 끊겨 7일간 굶는 고난을 겪었다. 공자는 가까스로 채(蔡)에 도착해 그곳을 다스리던 섭공(葉公)

을 만났다. 초나라의 소왕(昭王)이 공자를 중용하려 했지만 이에 반대하던 신하들에 가로막혀 공자는 다시 위나라로 돌아갔다. 65세에 공자의 부인 병관씨가 별세했다.

귀향 : 철인의 최후

68세에 노나라 계강자(季康子)가 폐백을 보내 초청하자 공자는 노나라로 돌아왔다. 노나라 애공과 계강자에게 정치에 대해 자문을 해주었지만 직접 현실 정치에 나서지는 않고 교육에 힘썼다. 공자는 그 후 제자들과 함께 시(詩), 서(書), 예(禮)를 정리했다. 69세에 공자의 아들 이(鯉)가 죽었다.

공자는 "70세에 마음이 원하는 바대로 하더라도 법도에 어긋나지 않았다(《논어》 〈위정편〉)." 즉, 공자는 70세에 마음이 도(道)와 합일되어 마음대로 하더라도 원칙에 어긋나지 않게 되었다는 말이다. 어떻게 보면 성인의 경지에 이른 것이다. 그해에 노나라 애공이 정치에 대해 묻자 공자가 자문해주었다. 71세에 공자가 가장 아끼던 제자 안회(顔回)가 죽었다. 공자는 "하늘이 나를 버리는구나, 하늘이 나를 버리는구나(《논어》 〈선진〉편)!" 하며 몹시 애통해했다. 72세에 공자와 가장 가깝게 지내던 제자 자로(子路)가 위나라에서 정변에 휩싸여 죽었다. 공자는 73세(BC 479)에 세상을 떠났다.

제자들이 노나라 북쪽에서 스승 공자의 장사를 지냈다. 제자들은 3년 동안 공자의 무덤 앞에서 심상(心喪)을 마친 후에 떠났고, 자공(子貢)은 공자의 무덤가에 오두막을 짓고 3년 더 머물렀다. 자공이 6년 상(喪)을 지낸 것은 단순히 추모만을 위한 것이 아니라 남겨진 공자의 어린 제자들을 가르치기 위해서였던 것으로 추정된다. 이후 공자의 제자들은 중국 전역으로 흩어져 제자백가 형성의 기초를 마련했다. 공자는 한나라 때 성인으로 추앙되었고 현재까지 그의 철학은 면면히 유지되고 있다.

◆◆◆◆
2. 공자의 철학

배움

공자는 비천하게 자라면서 다양한 일을 경험했다. 비천한 환경에서 자란 공자가 위대한 성인이 된 이유는 무엇일까? 그것은 아마도 배움 때문일 것이다. 《논어》제1편의 이름이 '학이(學而)'인 것은 《논어》 전체를 관통하는 중요한 주제가 바로 배움의 문제이기 때문이다. 《논어》의 첫 구절 또한 배움에 관한 것이다. "배우고 때에 알맞게 익히면 또한 기쁘지 않겠는가"라고 했듯이 공자는 배우고 익히는 과정에서 생기는 기쁨을 중시했다. 인간의 삶이란 태어나면서부터 죽음에 이르기까지 끊임없는 배움의 과정이다. 배움을 멈춘 인간은 더 이상 인간이기를 포기한 인간이다. 인간은 생명이 다하는 그 순간까지 배움을 추구해야 한다. 공자는 자기보다 배우기를 좋아하는 사람은 드물다고 자부했다. 이처럼 공자의 철학에서 배움의 추구와 즐거움은 가장 핵심이 되는 주제이다.

공자는 배움에 있어서 자기 자신을 위한 학문을 하고 남에게 보이기 위한 학문을 하지 말라고 주장했다. 남에게 보이기 위한 학문이란 지식을 쌓아 다른 사람에게 자랑하기 위해 배우는 것을 말한다. 학문을 보석처럼 남에게 자랑하기 위한 것으로 생각하는 것이다. 하지만 배움이란 다른 사람에게 자랑하기보다 스스로 더 나은 인간이 되기 위한 것이다. 즉, 배움은 자기 자신을 위한 것이다. 공자는 배움의 목표가 남에게 지식을 자랑하기 위한 것도, 좋은 직장을 얻기 위한 것도 아니라고 말했다. 배움이란 인간이 더 나은 인간, 더 성숙한 인간이 되기 위한 방편이라고 보았기 때문이다. 그렇다면 공자가 배움을 통해 도달하려 했던 더 나은 인간, 인간다운 인간이란 어떤 인간일까?

인(仁)

공자의 철학에서 인간다움이란 '인(仁)'을 말한다. 《논어》에서 '인(仁)'이라는 글자는 100여 차례 이상 등장하지만 과연 '인'이란 무엇인가 하는 물음에 답하기는 쉽지 않다. 그것은 공자의 인에 대한 생각이 매번 다르게 표현되고 있기 때문이다. 예를 들어, 공자는 "인이란 무엇인가?"에 대한 안연의 물음에 "자신을 극복하여 예로 돌아가는 것"이라고 말했고, 번지의 질문에는 "사람을 사랑하는 것"이라고 말했다. 우리는 인에 대한 이런 다양한 언급을 통해 다음과 같이 추론할 수 있다. 즉 공자 자신도 인(仁)에 대해 한마디로 정의하기 힘들었을 것이라는 점이다. 공자의 인에 대한 발언들을 살펴보면, 우리는 그가 많은 경우에 인을 예, 악, 효제, 신(信) 등 다른 여러 덕목과의 관계 속에서 설명하고 있음을 알 수 있다. 이것은 인이 공자가 주장하는 여러 덕목과 관련된 포괄적인 개념임을 의미한다. 다시 말해, 인 자체가 한마디로 정의하기 곤란한 포괄성, 복합성, 다의성을 지니고 있기 때문에 이에 대한 설명이 다양한 형태로 나타날 수밖에 없는 것이다. 따라서 인이 무엇인지 이해하기 위해서는 인에 대한 《논어》 속의 다양한 표현을 살펴봐야 한다.

공자는 '인'이 "말을 잘하는 것과 얼굴빛을 좋게 하는 것과는 관계가 없다"고 말했다. '말을 좋게 한다'는 것은 화려한 언변을 통해 남에게 듣기 좋은 말만 하는 것을 뜻한다. '얼굴빛을 좋게 한다'는 것은 다른 사람에게 아첨하기 위해 매번 웃는 얼굴로 대하는 것을 의미한다. 교묘한 말과 꾸민 얼굴빛은 내면을 숨긴 채 겉으로만 인한 척하는 것이다. 공자는 오히려 내면을 있는 그대로 드러내는 질박함이나 어눌함이 인에 가까운 것이라고 말했다. 우리는 공자의 이런 말들을 통해 인이란 내면적인 그 무엇임을 알 수 있다. 이 내면적인 그 무엇인 인이 삶과 세계 속에서 실현되는 형태가 바로 '예'와 '악'이라고 공자는 말했다.

예와 악의 핵심, 인

공자는 예와 악의 핵심을 그 표현 수단인 옷과 비단, 종과 북이 아니라 그것을 실천하는 사람의 진실하고 조화로운 내적 감정으로 이해했다. 만약 예악을 실천하는 사람이 내적 감정을 가지고 있지 않다면, 예와 악은 형식화되고 규범화되어 삶을 풍요롭게 하지 못하고 삶을 억압하는 허례허식으로 전락할 것이다. 예악을 실천하는 사람이 갖추어야 하는 내적 감정이 바로 인이다. 인은 인간이 갖추고 있는 내면적 덕성으로서, 예와 악에 생명력을 불어넣는다. 다시 말해 윤리적인 행위로 드러나는 예와 예술적 행위로 드러나는 악을 가능케 하는 생명력인 인은 미적이고 윤리적인 감수성이다.

공자는 상례(喪禮)에 대해 "형식적으로 잘 처리하기보다는 차라리 슬퍼해야 한다"고 말했다. 상례에서 중요한 것은 사람의 죽음에 대한 슬픔에 있다는 뜻이다. 장례를 예법에 맞게 잘 치르는 것도 중요하지만 더욱 중요한 것은 사람의 죽음에 대한 슬픔이다. 이런 슬픔 속에서 행해지는 상례야말로 의미 있는 예인 것이다. 즉, 인간의 감정이 잘 발현된 상태에서의 예가 진정한 의미의 예이다. 이와 마찬가지로 악(樂)은 마음의 감정을 기초로 하여 나오는 것으로, 각각의 음악에 맞는 미적 감성을 발현할 때만이 사람에게 감동을 주는 음악이 될 수 있다.

'불인(不仁)'한 사람은 예를 실천할 때 사람에 대한 감정이 빠진 채 예를 행하고, 음악을 연주할 때 생명을 불어넣는 미적 감성이 없이 형식적으로 한다. 다시 말해 '불인'하다는 것은 슬퍼해야 할 때 슬퍼할 줄 모르고, 상황에 맞는 섬세한 미적 감성을 드러내지 못하는 것이다. 이러한 '불인'의 의미로부터 우리는 '인'의 의미를 끌어낼 수 있다. 즉, 인이란 상황에 맞게 '느낄 줄 아는 것'이다.

인이 부모와 자식 사이에서 발현되면 '효'가 되고, 형제 사이

에서 발현되면 '제(弟)'가 된다. 나아가 인은 타인에 대한 사랑
이 된다. 이처럼 인은 가까운 가족관계를 통해 형성되고 발현
되며, 점차 더 넓은 사회적 관계를 통해 확장된다. 인이 발현
되어야 우리는 타인의 입장을 심사숙고할 수 있을 뿐만 아니
라 이타적인 행위를 하게 된다.

◆◆◆◆
3. 《논어》는 어떤 책인가

《논어》는 공자가 직접 저술한 책이 아니다. 공자의 제자들
이 공자의 말과 철학이 후대에 전해지지 못할 것을 걱정하여
스승과의 대화를 기록한 것을 모아 엮은 것이다. 오늘날 《논
어》라는 책이 있기까지는 여러 번의 편집을 거쳤다. 현재 통용
되는 《논어》는 후한(後漢) 시대 경학자인 정현(鄭玄, 127~200)이
노나라에 전해 내려오는 《노론(魯論)》과 제나라에 전해 내려
오는 《제론(齊論)》을 바탕으로 엮은 것이다. 현재 《논어》는 총
20편으로 이루어져 있고, 〈학이〉편에서 시작하여 〈요왈〉편으
로 끝난다.
　그런데 《논어》는 오늘날의 책들처럼 특정 주제에 대해 논리

적이고 체계적으로 서술되어 있지 않다. 공자와 제자들의 대화, 공자의 혼잣말, 제자들 간의 대화, 공자 또는 제자들과 정치인들과의 대화 등을 짤막하게 서술하고 있다. 오늘날의 책처럼 친절하게 논리적이고 체계적으로 서술되어 있을 것이라 기대하며 책을 펼쳐 본다면 실망할 것이다. 그럼에도 불구하고 《논어》는 2,000년 이상 끊임없이 읽혀온 고전 중의 고전이다. 지구상에 존재하는 고전 가운데 이처럼 오랫동안 많은 사람들에게 사랑받는 책은 드물 것이다.

《논어》는 한번 작정하고 읽는다면 몇 시간이면 다 읽을 수 있다. 하지만 그렇게 속독한다고 해서 이해될 수 있는 책이 아니다. 한 구절 한 구절 의미를 곱씹어야 진정한 맛과 의미를 이해할 수 있다. 중국 북송 시대의 철학자 정이천은 "요즘 사람들은 책을 읽을 줄 모른다. 예를 들어 《논어》를 읽기 전에도 이런 사람이었고, 읽고 난 후에도 이런 사람이라면 읽지 않은 것과 같다"고 말했다. 인간이 책을 읽는 목적은 단순히 책을 다 읽었다고 자랑하기 위함이 아니라, 깨달음을 통해 새로운 인간으로 거듭나기 위한 것이다. 《논어》는 동아시아 여러 국가에서 사람들에게 깨달음을 주는 샘물의 역할을 해왔다. 정이천은 《논어》를 다 읽고 나서 아무런 감흥을 느끼지 못하는 사람도 있고, 한 구절을 이해하고 기뻐하는 사람도 있으며,

전체를 온전히 다 이해하여 자기도 모르게 손으로 춤을 추고 발로 뛰는 사람도 있다고 말했다. 《논어》를 읽고 손과 발이 저절로 움직여 춤을 추고 뛰는 기쁨을 맛볼지, 아무런 감흥을 느끼지 못할지는 온전히 독자 여러분의 몫이다.

| 제 1 편 | 학이 學而

◆1-1

공자가 말했다.

"배우고 때에 알맞게 익히면 또한 기쁘지 않겠는가? 친구가 먼 곳으로부터 찾아오면 또한 즐겁지 않겠는가? 다른 사람이 알아주지 않아도 원망하지 않는다면 또한 군자[1]가 아니겠는가?"

子曰 學而時習之, 不亦說乎? 有朋自遠方來, 不亦樂乎?

人不知而不慍, 不亦君子乎?

자왈 학이시습지 불역열호 유붕자원방래 불역락호

인부지이불온 불역군자호

◆1-2

유자(有子)[2]가 말했다.

"사람 됨됨이가 부모 형제에게 효제(孝弟)[3]를 잘 실천하면서 윗사람을 해치는 사람은 드물다. 윗사람 해치기를 좋아하지 않으면서 난(亂)을 일으키기 좋아하는 사람은 없다. 군자는 근본[4]에 힘을 쓰니 근본이 서면 도가 생겨난다. 효제는 인(仁)을 실천하는 근본이다."

有子曰 其爲人也孝弟, 而好犯上者, 鮮矣. 不好犯上, 而好作亂者,

未之有也. 君子務本, 本立而道生. 孝弟也者, 其爲仁之本與!

유자왈 기위인야효제 이호범상자 선의 불호범상 이호직관자

미지유야 군자무본 본립이도생 효제야자 기위인지본여

◆ 1-3

공자가 말했다.

"말을 듣기 좋게 잘하고 얼굴빛을 좋게 하는 사람 치고 인
(仁)한 사람이 드물다."

◆ ◆ ◆

1) '군자'는 유가 철학이 지향하는 이상적인 인간상이다. 군자는 소인과 대비되는
인간으로 덕이 있는 사람과 통치자를 가리킨다.

2) 유자(有子)는 공자의 제자로 성(姓)은 유(有)이고 이름은 약(若)이며, 자(字)는
자유(子有)이다. 노나라 사람으로 공자보다 36세 연하이다. 공자가 죽은 후에 공
자의 제자들은 유약(유자)의 모습이 공자와 닮았다고 하여 공자를 모시듯 유약
을 모셨다고 한다. 《공자가어》〈칠십이제자해〉에서는 기억력이 좋고 옛 도를 좋아
했다고 기록하고 있다.

3) 효제(孝弟)에서 '효'는 부모와 자식 간의 관계에서 발현되는 덕을 말하고, '제'
는 형제 간의 관계에서 발현되는 덕을 말한다.

4) 여기에서 '근본'이란 배우는 과정에서의 근본을 말한다. 형이상학적이고 이론
적인 개념으로서의 '근본'이 아니라, 가장 가까운 가족 관계에서 필요한 실천적 덕
목인 '효제'를 말하는 것이다.

子曰 巧言令色, 鮮矣仁!

자왈 교언령색 선의인

◆ 1-4

증자(曾子)[5]가 말했다.

"나는 매일 세 가지를 반성한다. 다른 사람을 위해 일을 도모하면서 진심을 다하지 않았는가? 친구와 사귀면서 신의가 없었는가? 배운 것을 익히지 못했는가?"

曾子曰 吾日三省吾身. 爲人謀而不忠乎?

與朋友交而不信乎? 傳不習乎?

증자왈 오일삼성오신 위인모이불충호

여붕우교이불신호 전불습호

◆ ◆ ◆

5) 증자(曾子)는 공자의 제자 증삼(曾參)으로 자(字)는 자여(子輿)이다. 노나라 사람으로 공자보다 46세 연하이고 효(孝)를 잘 실천한 것으로 유명하다.

◆ 1-5

공자가 말했다.

"천 대의 전차(戰車)를 동원할 수 있는 큰 나라를 다스릴 때는 일을 공경하고 믿음직스럽게 처리하고, 비용을 절약하며 백성을 사랑하고, 백성을 부리는 것을 때에 맞게 한다."

子曰 道千乘之國, 敬事而信, 節用而愛人, 使民以時.

자왈 도천승지국 경사이신 절용이애인 사민이시

◆ 1-6

공자가 말했다.

"제자들은 집에 들어가서는 효를 실천하고, 집을 나와서는 공손하게 행동하고, 말은 삼가고 신뢰 있게 하고, 널리 많은 사람을 사랑하되 인(仁)한 사람을 가까이하라. 이것을 실천하고 여력이 있으면 학문을 배워라."

子曰 弟子入則孝, 出則弟, 謹而信, 汎愛衆, 而親仁.

行有餘力, 則以學文.

자왈 제자입즉효 출즉제 근이신 범애중 이친인

◆ 1-7

자하(子夏)[6]가 말했다.

"어진 사람을 어진 사람으로 대하기를 미인을 좋아하는 것과 같이 하라. 부모를 모실 때는 힘을 다하라. 임금을 모시고 정치에 참여할 때는 몸을 다 바쳐라. 친구와 사귈 때는 말을 신뢰 있게 하라. 그렇게 하면 비록 배우지 않았다 하더라도 나는 반드시 그를 배운 사람이라 말할 것이다."

子夏曰 賢賢易色, 事父母能竭其力, 事君能致其身,

與朋友交言而有信. 雖曰未學, 吾必謂之學矣.

자하왈 현현역색 사부모능갈기력 사군능치기신

여붕우교언이유신 수왈미학 오필위지학의

◆ ◆ ◆

6) 공자의 제자로 성(姓)은 복(卜)이고 이름은 상(商)이며, 자(字)는 자하(子夏)이다. 위나라 사람으로 공자보다 44세 연하이고 자유(子游)와 함께 문학으로 인정을 받았다. 《공자가어》에서는 마음이 관대하지는 않지만 논의를 정교하게 잘하여 당시 사람들 중에 그를 뛰어넘을 만한 사람이 없었다고 말한다.

◆1-8

공자가 말했다.

"군자가 중심 없이 행동하면 위엄이 없고, 학문도 견고하지 못하게 된다. 충(忠)과 신뢰를 중요하게 여기고, 자기와 생각이 다른 사람을 벗 삼지 않는다. 허물이 있으면 고치기를 꺼리지 않아야 한다."

子曰 君子不重則不威, 學則不固. 主忠信.

無友不如己者. 過則勿憚改.

자왈 군자부중즉불위 학즉불고 주충신

무우불여기자 과즉물탄개

◆1-9

증자가 말했다.

"장례에 예(禮)를 다하고 제사에 정성을 다하면 백성의 덕이 후덕하게 된다."

曾子曰 愼終追遠, 民德歸厚矣.

증자왈 신종추원 민덕귀후의

◆ 1-10

자금(子禽)⁷⁾이 자공(子貢)⁸⁾에게 물었다.

"공자께서는 어떤 나라에 이르면 반드시 그 나라의 정치에 대해 듣습니다. 그것은 선생님께서 구하신 것입니까, 아니면 기회가 주어진 것입니까?"

자공이 대답했다.

"선생님은 온화하고, 선량하고, 공손하며, 검소하고, 사양함으로써 기회를 얻은 것입니다. 선생님께서 구하신 것은 다른 사람들이 구하는 것과는 다릅니다."

子禽問於子貢曰 夫子至於是邦也, 必聞其政, 求之與? 抑與之與?
子貢曰 夫子溫良恭儉讓以得之. 夫子之求之也, 其諸異乎人之求之與.
자금문어자공왈 부자지어시방야 필문기정 구지여 억여지여
자공왈 부자온량공검양이득지 부자지구지야 기저이호인지구지여

◆◆◆

7) 자금(子禽)은 공자의 제자 진항(陳亢)이고 자(字)는 자금(子禽)이다. 진(陳)나라 사람으로 공자보다 40세 연하이다.
8) 자공(子貢)은 공자의 제자 단목사(端木賜)이고 자(字)는 자공(子貢)이다. 위나라 사람으로 공자보다 31세 연하이고, 언어적 능력이 탁월하여 노나라와 위나라 사이의 외교에서 능력을 발휘했다.

◆1-11

공자가 말했다.

"아버지가 살아계실 때는 그 뜻을 살피고, 아버지가 돌아가셨을 때는 그 행적을 살핀다. 삼 년 동안 아버지가 지켜온 도를 고치지 않으면 효라고 말할 만하다."

子曰 父在, 觀其志. 父沒, 觀其行. 三年無改於父之道, 可謂孝矣.
자왈 부재 관기지 부몰 관기행 삼년무개어부지도 가위효의

◆1-12

유자가 말했다.

"예의 실행은 조화를 귀중하게 여긴다. 옛 성왕(聖王)[9]의 도는 이 때문에 아름다웠으며, 크고 작은 일이 모두 예를 따랐다. 행하지 않아야 할 것이 있으니, 조화가 중요하다는 것을 알아 조화롭게 하지만, 예로써 절제하지 않으면 또한 실행할 수 없다."

◆◆◆

9) 성왕(聖旺)은 성인의 덕을 갖추고 왕의 자리에서 통치를 한 사람을 가리킨다. 또한 문명을 창조한 사람을 뜻한다.

有子曰 禮之用, 和爲貴. 先王之道斯爲美, 小大由之.

有所不行, 知和而和, 不以禮節之, 亦不可行也.

유자왈 예지용 화위귀 선왕지도사위미 소대유지

유소불행 지화이화 불이예절지 역불가행야

◆ 1- 13

유자가 말했다.

"신뢰가 정의에 가까우면 말을 실천할 수 있고, 공손함이 예(禮)에 가까우면 치욕을 멀리하게 되고, 친할 만한 사람을 잃지 않으면 또한 존경할 만하다."

有子曰 信近於義, 言可復也. 恭近於禮, 遠恥辱也.

因不失其親, 亦可宗也.

유자왈 신근어의 언가복야 공근어예 원치욕야

인불실기친 역가종야

◆1- 14

공자가 말했다.

"군자는 먹는 것에 배부름을 구하지 않고, 거처함에 편안함을 구하지 않는다. 일을 민첩하게 하고, 말을 신중히 하고, 도 있는 자를 찾아가 자신을 바르게 한다면, 배움을 좋아한다고 할 만하다."

子曰 君子食無求飽, 居無求安, 敏於事而愼於言,

就有道而正焉, 可謂好學也已.

자왈 군자식무구포 거무구안 민어사이신어언

취무도이정언 가위호학야이

◆1- 15

자공이 물었다.

"가난하면서도 아첨하지 않고, 부유하면서도 교만하지 않는다면 어떻습니까?"

공자가 말했다.

"괜찮다. 그러나 가난하면서도 즐길 줄 알고, 부유하면서도 예를 좋아하는 것만 못하다."

자공이 말했다.

"《시경》에 '칼로 자른 듯하고, 줄로 다듬은 듯하고, 정으로 쫀 듯하고, 숫돌로 간 듯하다'고 했는데, 그것을 말한 것입니까?"

공자가 말했다.

"사(賜, 자공)야! 이제야 비로소 함께 시(詩)를 말할 수 있게 되었구나! 지난 것을 말해주니 새로운 것을 아는구나!"

子貢曰 貧而無諂, 富而無驕, 何如?

子曰 可也. 未若貧而樂, 富而好禮者也.

子貢曰 詩云, 如切如磋, 如琢如磨. 其斯之謂與?

子曰 賜也, 始可與言詩已矣! 告諸往而知來者.

자공왈 빈이무첨 부이무교 하여

자왈 가야 미약빈이락 부이호례자야

자공왈 시운 여절여차 여탁여마 기사지위여

자왈 사야 시가여언시이의 고저왕이지래자

◆ 1-16

공자가 말했다.

"다른 사람이 나를 알아주지 못할까 걱정하지 말고, 내가
다른 사람을 알지 못함을 걱정하라."

子曰 不患人之不己知, 患不知人也.

자왈 불환인지불기지 환부지인야

| 제 2 편 | **위정** 爲政

◆ 2-1

공자가 말했다.

"덕으로써 정치를 하는 것은 비유하자면 북극성이 제자리
에 머물러 있어도 모든 별들이 그것을 향해 도는 것과 같다."

子曰 爲政以德, 譬如北辰, 居其所 而衆星共之.
자왈 위정이덕 비여북신 거기소 이중성공지

◆ 2-2

공자가 말했다.

"《시경》 삼백 편을 한마디 말로 표현하면 '생각에 사특함이
없게 하라'는 것이다."

子曰 詩三百, 一言以蔽之, 曰思無邪.
자왈 시삼백 일언이폐지 왈사무사

◆ 2-3

공자가 말했다.

"법으로 다스리고 형벌로 규제하면 백성들이 형벌을 피하려고만 할 뿐 부끄러워할 줄 모른다. 덕으로 인도하고 예로써 다스리면 부끄러워할 줄 알게 되고 바르게 된다."

子曰 道之以政, 齊之以刑, 民免而無恥.

道之以德, 齊之以禮, 有恥且格.

자왈 도지이정 제지이형 민면여무치

도지이덕 제지이례 유치차격

◆2-4

공자가 말했다.

"나는 열다섯 살에 학문에 뜻을 두었고, 서른 살에 자립했고, 마흔 살에 미혹됨이 없었고, 쉰 살에 천명을 알았고, 예순 살에는 귀가 순해졌고, 일흔 살에는 마음이 원하는 대로 해도 법도에 어긋나지 않았다." [1]

子曰 吾十有五而志于學, 三十而立, 四十而不惑,

五十而知天命, 六十而耳順, 七十而從心所欲, 不踰矩.

자왈 오십유오이지우학 삼십이립 사십이불혹

◆ 2-5

노나라 대부 맹의자(孟懿子)²⁾가 효에 대해 물었다. 공자가 대답했다.

"어기지 말라."

번지(樊遲)³⁾가 마차를 몰고 있었는데, 공자가 그에게 말했다.

"맹의자가 나에게 효에 대해 물었는데, 내가 '어기지 말라'고 대답했다."

◆ ◆ ◆

1) '지우학(志于學)'은 학문의 길을 가겠다고 확고하게 결심한 것을 말한다. '이립 (而立)'은 배움에 대한 확고한 신념을 갖게 되었음을 의미한다. '불혹(不惑)'은 옳고 그름에 대한 확실한 지혜가 확립되었음을 말한다. '이순(耳順)'은 타인의 말에 공감하고 이해할 수 있게 되었음을 말한다. '종심소욕불유구(從心所欲不踰矩)'는 마음이 이치와 합일한 경지에 이르게 되어 하고 싶은 대로 행동해도 이치를 벗어나지 않게 되었음을 뜻한다.

2) 맹의자(孟懿子)는 노나라의 대부로 성(姓)은 중손(仲孫), 이름은 하기(何忌)이다. 당시 노나라 정치를 좌지우지하며 무도한 짓을 일삼은 삼환(三桓) 중의 한 명이다.

3) 번지(樊遲)는 공자의 제자로 성(姓)은 번(樊), 이름은 수(須)이며 자(字)는 자수 (子須)이다. 노나라 사람으로 공자보다 36세 연하이다.

번지가 말했다.

"무슨 뜻입니까?"

공자가 말했다.

"부모가 살아 계실 때는 예로써 모시고, 돌아가셨을 때는 예로써 장례를 치르고, 예로써 제사를 지내는 것이다."

孟懿子問孝. 子曰 無違. 樊遲御, 子告之曰 孟孫問孝於我,

我對曰無違. 樊遲曰 何謂也? 子曰 生, 事之以禮.

死, 葬之以禮, 祭之以禮.

맹의자문효 자왈 무위 번지어 자고지왈 맹손문효어아

아대왈무위 번지왈 하위야 자왈 생 사지이례

사 장지이례 제지이례

◆2-6

맹무백(孟武伯)[4]이 효에 대해 물었다. 공자가 대답했다.

"부모는 오직 자식의 질병으로만 걱정해야 한다."

◆ ◆ ◆

4) 맹무백(孟武伯)은 노나라 대부 맹의자의 아들로 이름은 체(彘)이다.

孟武伯問孝. 子曰 父母唯其疾之憂.

맹무백문효 자왈 부모유기질지우

◆2-7

자유(子游)[5]가 효에 대해 물었다. 공자가 대답했다.

"요즘 효라는 것은 물질적으로 봉양을 잘하는 것만을 말한
다. 개나 말조차 모두 잘 먹여주니, 공경하지 않는다면 무엇으
로 구별할 수 있겠는가?"

子游問孝. 子曰 今之孝者, 是謂能養. 至於犬馬, 皆能有養.

不敬, 何以別乎?

자유문효 자왈 금지효자 시위능양 지어견마 개능유양

불경 하이별호

◆ ◆ ◆

5) 자유(子游)는 공자의 제자로 성(姓)은 언(言)이고 이름은 언(偃)이다. 《사기》에
서는 자유를 오나라 사람으로 공자보다 45세 연하라 말하고, 《공자가어》에서는
노나라 사람으로 공자보다 35세 연하라고 말한다. 그는 예를 열심히 공부했고 고
대 문헌에 대한 지식으로 명성을 얻었다. 노나라 무성(武城)의 읍재가 되어 민심
을 예악으로 잘 다스려 공자의 칭찬을 받았다.

◆2-8

자하(子夏)가 효에 대해 물었다. 공자가 말했다.

"부모의 안색을 살피는 것이 어렵다. 일이 있으면 제자가 그 수고를 대신하고, 술과 밥이 있으면 아버지께 먼저 드시게 하는 것만을 효라고 할 수 있겠는가?"

子夏問孝. 子曰 色難. 有事弟子服其勞, 有酒食先生饌,
曾是以爲孝乎?

자하문효 자왈 색난 유사제자복기로 유주사선생찬

증시이위효호

◆2-9

공자가 말했다.

"내가 안회(顏回)[6]와 더불어 종일토록 말했지만 말을 듣기만 하고 의문을 제기하지 않는 것이 바보 같았다. 안회가 물러나

◆ ◆ ◆

6) 안회(顏回)는 공자의 제자 안연(淵)으로 자(字)는 자연(子淵)이고, 노나라 사람이며 공자보다 30세 연하이다. 안회는 공자가 가장 아끼던 제자로 가난한 삶 속에서도 배움을 좋아했다. 그는 31세의 젊은 나이로 공자보다 일찍 죽었다.

동학들과 논하는 것을 살펴보니 또한 배운 것의 의미를 잘 파악하고 있었다. 안회는 어리석지 않다."[7]

子曰 吾與回言終日, 不違如愚. 退而省其私, 亦足以發. 回也不愚.
자왈 오여회언종일 불위여우 퇴이성기사 역족이발 회야불우

◆ 2-10

공자가 말했다.

"그가 행하는 것을 보고, 그 행위의 동기를 관찰하고, 그가 편안하게 여기는 것을 살피면, 사람이 어찌 자신을 숨길 수 있겠는가! 사람이 어찌 자신을 숨길 수 있겠는가!"

子曰 視其所以, 觀其所由, 察其所安. 人焉廋哉? 人焉廋哉?
자왈 시기소이 관기소유 찰기소안 인언수재 인언수재

◆ ◆ ◆

7) 주희는 이 구절을 안연이 물러나 홀로 거처하면서 배운 것을 잘 실천한 것이라고 해석했고, 공영달은 안연이 물러나 배운 것을 동학들과 논하면서 의미를 잘 파악하고 있었다고 이해했다.

◆2-11

공자가 말했다.

"옛 것을 익혀서 새로운 것을 창조해낼 수 있으면 스승이 될
수 있다."

子曰 溫故而知新, 可以爲師矣.
자왈 온고이지신 가이위사의

◆2-12

공자가 말했다.

"군자는 그릇이 아니다."[8]

子曰 君子不器.
자왈 군자불기

◆ ◆ ◆

8) 군자는 그릇처럼 한 가지 기능에만 국한된 개별적인 지식이 아니라 보편적인
지식을 지닌 사람이다.

◆ 2-13

자공이 군자에 대해 물었다. 공자가 말했다.

"말을 하기 전에 먼저 실천하고 그것에 따라 말하는 사람
이다."

子貢問君子. 子曰 先行其言而後從之.

자공문군자 자왈 선행기언이후종지

◆ 2-14

공자가 말했다.

"군자는 두루 사람들과 친하게 지내고 사적으로 편당하지
않으며, 소인은 사적으로 편당하고 두루 사람들과 친하게 지
내지 않는다."

子曰 君子周而不比, 小人比而不周.

자왈 군자주이불비 소인비이부주

◆2-15

공자가 말했다.

"배우기만 하고 생각하지 않으면 얻는 것이 없고, 생각만 하고 배우지 않으면 위태롭게 된다."

子曰 學而不思則罔, 思而不學則殆.

자왈 학이불사즉망 사이불학즉태

◆2-16

공자가 말했다.

"기이한 것을 공부하는 것은 해가 될 뿐이다."[9]

子曰 攻乎異端, 斯害也已!

자왈 공호이단 사해야이

◆◆◆

9) 주희는 '이단(異端)'을 양주(楊朱)와 묵적(墨翟)으로 보았다. 양주는 도가 철학자로 이데올로기나 도덕을 위해 생명을 희생하는 것보다 인간의 생명 보존이 중요하다고 주장했다. 묵적은 묵가 철학자로 당시 제후국 간의 전쟁이 빈번하게 일어나는 이유를 차등애 때문이라고 보고, 무차별적인 사랑인 겸애(兼愛)를 주장한 평화주의자이다.

❖ 2-17

공자가 말했다.

"유(由, 자로)[10]야! 너에게 안다고 하는 것에 대해 가르쳐주겠다. 아는 것을 안다고 하고, 모르는 것을 모른다고 하는 것, 이 것이 아는 것이다."

子曰 由! 誨女知之乎? 知之爲知之, 不知爲不知, 是知也.
자왈 유 회여지지호 지지위지지 부지위부지 시지야

❖ 2-18

자장(子張)[11]이 공자에게 벼슬 얻는 법을 배우고자 했다. 공자가 말했다.

◆ ◆ ◆

10) 유(由)는 공자의 제자 중유(仲由)로, 자(字)는 자로(子路) 또는 계로(季路)이다. 노나라 사람으로 공자보다 9세 연하이다. 용맹하고 기예에 뛰어났으며 정치에 재능이 있었다.

11) 자장(子張)은 공자의 제자로, 성(姓)은 전손(孫)이고 이름은 사(師)이다. 진(陳)나라 사람이고 공자보다 48세 연하이다. 《공자가어》에서는 자장이 용모가 뛰어나고 성격이 너그러우며 사람들과 폭넓게 사귀고, 평소에 자신의 일에만 신경 쓰며 인의(仁義)를 실천하는 데는 힘쓰지 않아 공자의 문인들이 그를 사귀면서도 공경하지 않았다고 한다.

"많이 듣고 의심스러운 것을 빼버리고, 그 나머지를 신중하게 말하면 허물이 적어진다. 많이 보고 위태로운 것을 빼버리고, 그 나머지를 신중하게 실천하면 후회가 적어진다. 말에 허물이 적고, 행동에 후회가 적으면 벼슬이 그 가운데 있다."

子張學干祿. 子曰 多聞闕疑, 愼言其餘, 則寡尤, 多見闕殆,
愼行其餘, 則寡悔. 言寡尤, 行寡悔, 祿在其中矣.
자장학간록 자왈 다문궐의 신언기여 즉과우 다견궐태
신행기여 즉과회 언과우 행과회 녹재기중의

◆ 2-19
노나라 애공(哀公)[12]이 물었다.
"어떻게 해야 백성들이 따릅니까?"
공자가 말했다.
"곧은 사람을 등용하여 굽은 사람을 쫓아내면 백성들이 따

◆ ◆ ◆

12) 애공(哀公)은 노나라 임금으로 성(姓)은 희(姬)이고 이름은 장(蔣)이며, 애공(哀公)은 시호이다. 공자는 애공의 재위 시절에 노나라 국정을 혼란스럽게 만든 삼환 세력을 약화시키려 했지만 실패했다.

를 것입니다. 굽은 사람을 등용하여 곧은 사람을 쫓아내면 백
성들이 따르지 않을 것입니다."

哀公問曰 何爲則民服? 孔子對曰 擧直錯諸枉, 則民服,

擧枉錯諸直, 則民不服.

애공문왈 하위즉민복 공자대왈 거직조저왕 즉민복

거왕조저직 즉민불복

◆2-20

노나라 대부 계강자(季康子)[13]가 물었다.

"백성들이 공경하고, 충성하고, 자기 일을 열심히 하게 하려
면 어떻게 해야 합니까?"

공자가 말했다.

"백성을 위엄 있게 대하면 백성이 공경하고, 부모에게 효를
다하고 아랫사람에게 자애로우면 백성이 충성하고, 능력 있
는 사람을 등용하고 능력 없는 사람을 가르치면 백성이 열심

◆ ◆ ◆

13) 계강자(季康子)는 노나라 대부 계손씨(季孫氏)로, 이름은 비(肥)이고 강(康)
은 시호이다. 노나라 국정을 혼란하게 했던 삼환의 한 사람이다.

히 일할 것입니다."

季康子問 使民敬 忠以勸, 如之何?

子曰 臨之以莊則敬, 孝慈則忠, 擧善而敎不能則勸.

계강자문 사민경충이권 여지하

자왈 임지이장즉경 효자즉충 거신이교불능즉권

◆2-21

어떤 사람이 공자에게 말했다.

"선생님께서는 왜 정치를 하지 않으십니까?"

공자가 말했다.

"《서경》에서 이르기를 '효도하고 효도하라, 형제 간에 우애
있게 하여 이를 정치에 반영한다'고 했다. 이 또한 정치를 하
는 것이니, 어찌 내가 직접 정치를 하는 것만이 정치라고 하겠
는가?"

或謂孔子曰 子奚不爲政? 子曰 書云孝乎惟孝, 友于兄弟, 施於有政.

是亦爲政, 奚其爲爲政?

혹위공자왈 자해불위정 자왈 서운효호유효 우우형제 시어유정

◆2-22

공자가 말했다.

"사람이 신뢰가 없으면 그의 가능성을 알 수 없다. 큰 수레에 큰 멍에가 없고, 작은 수레에 작은 멍에가 없다면 어떻게 수레가 갈 수 있겠는가?"

子曰 人而無信, 不知其可也. 大車無輗, 小車無軏, 其何以行之哉?
자왈 인이무신 부지기가야 대거무예 소거무월 기하이행지재

◆2-23

자장이 물었다.

"열 세대 뒤의 일을 알 수 있습니까?"

공자가 말했다.

"은나라는 하나라의 예를 본받았으니 덜어내고 더한 것을 알 수 있고, 주나라는 은나라의 예를 본받았으니 덜어내고 더한 것을 알 수 있다. 혹 주나라를 계승하는 사람이 있다면 비

록 백 세대 뒤의 일이라도 알 수 있을 것이다."

子張問 十世可知也? 子曰 殷因於夏禮, 所損益, 可知也.

周因於殷禮, 所損益, 可知也. 其或繼周者, 雖百世可知也.

자장문 십세가지야 자왈 은인어하례 소손익 가지야

주인어은례 소손익 가지야 기혹계주자 수백세가지야

◆2-24

공자가 말했다.

"제사를 지내야 할 귀신이 아닌데도 제사를 지내는 것은 아첨하는 것이다. 의(義)를 보고도 실천하지 않는 것은 용기가 없는 것이다."

子曰 非其鬼而祭之, 諂也. 見義不爲, 無勇也.

자왈 비기귀이제지 첨야 견의불위 무용야

| 제 3 편 | 팔일 八佾

◆3-1

공자가 노나라 대부 계씨(季氏)[1]에 대해 말했다.

"천자가 행하는 팔일무(八佾舞)[2]를 자기 집 마당에서 추게 하니, 이것을 용인한다면 무엇인들 용인하지 못하겠는가!"

孔子謂季氏 八佾舞於庭, 是可忍也, 孰不可忍也?
공자위계씨 팔일무어정 시가인야 숙불가인야

◆3-2

노나라의 실권을 쥐고 있는 세 대부 가문에서 천자의 제사에 쓰는 옹(雍)[3] 노래를 읊으며 제사를 마쳤다.

공자가 말했다.

"'제후들이 제사를 돕네, 천자의 모습 그윽하게 빛나네'라는

◆ ◆ ◆

1) 마융과 주희는 계씨(季氏)를 노나라 대부 계환자(季桓子)로 보았고, 정약용은 계평자(季平子)로 보았다.
2) 팔일무(八佾舞)는 8명씩 8열, 총 64명이 춤추는 것으로 천자에게만 허용되었다. 제후에게는 6일무(6명씩 6열, 총 36명), 대부에게는 4일무(4명씩 4열, 총 16명), 사에게는 2일무(2명씩 2열, 총 2명)를 자신의 집에서 추게 하도록 허용되었다.
3) 옹(雍)은 《시경》 〈주송(周頌)〉의 편명으로 천자가 종묘에서 제사 지낸 음식을 거둘 때 부르던 노래이다.

노래를 어찌 세 대부 가문 사당(祠堂)에서 부를 수 있단 말인
가?"[4]

三家者以雍徹. 子曰 相維辟公, 天子穆穆, 奚取於三家之堂?
삼가자이옹철 자왈 상유벽공 천자목목 해취어삼가지당

◆3-3
공자가 말했다.

"사람이 인(仁)하지 않으면 예(禮)를 어디에 쓸 것이며, 사람
이 인하지 않으면 악(樂)을 어디에 쓰겠는가?"

子曰 人而不仁, 如禮何? 人而不仁, 如樂何?
자왈 인이불인 여례하 인이불인 여악하

◆ ◆ ◆
4) 공자 당시에 노나라의 정치적 실권을 장악한 세 가문에서 왕만이 제사 때 사
용하는 예와 노래를 외람되게 사용하고 있음을 비판하고 있다.

◆3-4

임방(林放)[5]이 예(禮)의 근본을 물었다.

공자가 말했다.

"훌륭한 질문이구나! 예는 사치스럽게 하기보다는 차라리 검소한 것이 낫다. 상례는 형식에 따라 잘 처리하기보다는 차라리 슬퍼하는 게 낫다."

林放問禮之本. 子曰 大哉問! 禮, 與其奢也, 寧儉.

喪, 與其易也, 寧戚.

임방문례지본 자왈 대재문 예 여기사야 영검

상 여기이야 영척

◆3-5

공자가 말했다.

"오랑캐 나라에는 임금이 있지만 예악의 문화가 없으니, 중국에 임금이 없지만 예악의 문화가 남아 있는 것만 못하다."

◆ ◆ ◆

5) 임방(林放)에 대해서는 노나라 사람이라는 것 외에는 자세한 기록이 없다.

子曰 夷狄之有君, 不如諸夏之亡也.

자왈 이적지유군 불여제하지망야

◆3-6

노나라 대부 계씨(季氏)가 태산에 제사를 지냈다.[6] 공자가 염
유(冉有)[7]에게 말했다.

"너는 그것을 막을 수 없었느냐?"

염유가 이에 대답하여 말했다.

"할 수 없었습니다."

공자가 말했다.

"아! 태산이 임방(林放)만도 못하다는 말인가!"[8]

◆ ◆ ◆

6) 천자는 천하의 명산에 제사를 지내고, 제후는 자기 나라 안의 산천에 제사를
지내는 것이 당시의 예였다. 노나라 대부인 계씨가 태산에 제사를 지내는 것은 예
에 맞지 않는 행위였다.

7) 염유(冉有)는 공자의 제자로, 성(姓)은 염(冉)이고 이름은 구(求)이며 자(字)는
자유(子有)이다. 노나라 사람으로 공자보다 29세 연하이다. 재능과 기예가 뛰어
나고 정치를 잘했지만 소극적인 성격의 소유자로 평가되고 있다.

8) 공자의 말은 임방 같은 사람도 예의 근본에 대해서 물었는데, 예로부터 예(禮)
에 맞지 않는 제사를 흠향하지 않는다고 전해지는 태산의 신이 어찌 예에 어긋난
계씨의 제사를 흠향하겠느냐는 뜻이다.

季氏旅於泰山. 子謂冉有曰 女弗能救與?

對曰 不能. 子曰 嗚呼! 曾謂泰山不如林放乎?

계씨려어태산 자위염유왈 여불능구여

대왈 불능 자왈 오호 증위태산불여림방호

◆3-7

공자가 말했다.

"군자는 다투지 않지만, 만약 다툰다면 활쏘기뿐일 것이다. 상대방에게 인사하고 사양하면서 올라가 활을 쏘고, 내려와 승패가 결정되면 진 사람이 벌주를 마신다. 그런 다툼이야말로 군자답다."

子曰 君子無所爭, 必也射乎! 揖讓而升, 下而飲, 其爭也君子.

자왈 군자무소쟁 필야사호 읍양이승 하이음 기쟁야군자

◆3-8

자하가 물었다.

"사랑스런 웃음은 예쁘고, 아름다운 눈은 해맑고, 흰 분(粉)

60

으로 더욱 빛나네'라고 한 것은 무엇을 말한 것입니까?"

공자가 말했다.

"그림 그리는 일은 흰색을 뒤에 칠한다."[9]

자하가 말했다.

"예(禮)가 나중이라는 것입니까?"

공자가 말했다.

"나를 일깨우는 자는 상(商)이구나! 비로소 너와 더불어 시를 말할 수 있게 되었다."

子夏問曰 巧笑倩兮, 美目盼兮, 素以爲絢兮. 何謂也?

子曰 繪事後素. 曰 禮後乎? 子曰 起予者商也! 始可與言詩已矣.

자하문왈 교소천혜 미목반혜 소이위현혜 하위야

자왈 회사후소 왈 예후호 자왈 기여자상야 시가여언시이의

◆ ◆ ◆

9) 정현(鄭玄)은 여러 색을 칠한 후에 흰색을 칠해 꾸미는 것으로 해석했다. 이와
달리 주희(朱熹)는 흰색으로 바탕을 칠한 후에 채색을 하는 것으로 풀이했다. 김
용옥은 당나라 이전의 중국 회화와 관련되었으므로 오색을 칠한 후에 흰색을 칠
하는 것으로 해석했다.

◆3-9

공자가 말했다.

"하(夏)나라의 예를 내가 말할 수 있지만, 그 후예인 기(杞)나라가 증명해주지 못한다. 은(殷)나라의 예를 내가 말할 수 있지만 그 후예인 송(宋)나라가 증명해주지 못한다. 문헌 자료와 고대의 예를 아는 현인이 부족하기 때문이다. 이것만 충분하다면 내가 증명할 수 있을 것이다."

子曰 夏禮吾能言之, 杞不足徵也 殷禮吾能言之, 宋不足徵也.
文獻不足故也, 足則吾能徵之矣.
자왈 하례오능언지 기부족징야 은례오능언지 송부족징야
문헌부족고야 족즉오능징지의

◆3-10

공자가 말했다.

"체(禘) 제사[10]에서 술을 부어 신의 강림을 청하는 의식 이후부터는 나는 보고 싶지가 않다."

子曰 禘自旣灌而往者, 吾不欲觀之矣.

62

◆3-11

어떤 사람이 체 제사의 내용에 대해 물었다. 공자가 말했다.
"모르겠다. 그 의미를 아는 사람은 천하의 일을 여기에 놓고
보는 것과 같을 것이다."
그러면서 손바닥을 가리켰다.

或問禘之說. 子曰 不知也. 知其說者之於天下也,
其如示諸斯乎! 指其掌.
혹문체지설 자왈 부지야 지기설자지어천하야
기여시저사호 지기장

◆ ◆ ◆

10) 체(禘) 제사란 천자가 정월(正月)에 도성의 남쪽 교외에서 지내는 천제(天祭)
를 말한다. 공자는 노나라에서 지낸 체 제사가 원래의 절차에서 크게 변질되었음
을 비판하고 있다.

◆3-12

조상에게 제사 지낼 때는 조상이 있는 것과 같이 하고, 신에게 제사 지낼 때는 신이 있는 것과 같이 하라. 공자가 말했다.

"내가 직접 제사에 참여하지 않으면 제사를 지내지 않은 것과 같다."

祭如在, 祭神如神在. 子曰 吾不與祭, 如不祭.

제여재 제신여신재 자왈 오불여제 여부제

◆3-13

위나라 대부 왕손가(王孫賈)[11]가 물었다.

"방의 아랫목 신에게 잘 보이기보다 차라리 부엌 신에게 잘 보이라고 하는 말[12]은 무슨 뜻입니까?"

◆ ◆ ◆

11) 왕손가(王孫賈)는 성(姓)은 왕손(王孫)이고 이름은 가(賈)이며, 위나라 영공(靈公) 시대에 군사권을 장악했던 신하이다.

12) 이 구절에서 왕손가는 '방의 아랫목 신'과 '부엌 신' 둘 다 신이지만 인간의 소원을 들어주는 '부엌 신'이 더 중요하다고 말했다. 이에 대해 공자는 애초에 인간이 죄를 지으면 빌 곳이 없음을 지적하며 비판하고 있다. 인간은 근본적으로 잘못을 저지르지 말아야 한다.

공자가 말했다.

"그렇지 않습니다. 하늘에 죄를 지으면 빌 곳이 없습니다."

王孫賈問曰 與其媚於奧, 寧媚於竈, 何謂也?

子曰 不然, 獲罪於天, 無所禱也.

왕손가문왈 여기미어오 영미어조 하위야

자왈 불연 획죄어천 무소도야

◆3-14

공자가 말했다.

"주나라는 하나라와 은나라 두 왕조를 거울로 삼았으니 찬란하구나, 주나라 문화여! 나는 주나라를 따를 것이다."

子曰 周監於二代, 郁郁乎文哉! 吾從周.

자왈 주감어이대 욱욱호문재 오종주

◆3-15

공자가 태묘에 들어가서 매사를 물었다. 어떤 사람이 말했다.

"누가 추(鄒)나라 사람의 아들[13]이 예를 안다고 했는가? 태묘에 들어가서 매사를 묻는구나!"

공자가 그 말을 듣고 말했다.

"이것이 예이다."

子入大廟, 每事問. 或曰 孰謂鄹人之子知禮乎?

入大廟, 每事問. 子聞之曰 是禮也.

자입태묘 매사문 혹왈 숙위추인지자지례호

입태묘 매사문 자문지왈 시례야

◆3-16

공자가 말했다.

"활쏘기에서 과녁의 가죽을 뚫는 것을 위주로 하지 않는 것은 힘을 쓰는 등급이 같지 않기 때문이니, 이것은 옛날의 도이다."

子曰 射不主皮, 爲力不同科, 古之道也.

◆ ◆ ◆

13) '추(鄹)나라 사람의 아들'이란 공자를 경멸하는 말로, 공자의 아버지 숙량흘이 추나라에서 살았기 때문에 한 말이다.

◆ 3 - 17

자공이 매월 초하루에 지내는 곡삭(告朔)의 제사[14]에 쓰는
희생양 제도를 없애려 했다. 공자가 말했다.

"사(賜, 자공)야! 너는 그 양을 아끼고자 하느냐, 나는 그 예를
아끼고자 한다."

子貢欲去告朔之餼羊. 子曰 賜也, 爾愛其羊, 我愛其禮.
자공욕거곡삭지희양 자왈 사야 이애기양 아애기례

◆ 3 - 18

공자가 말했다.

"임금을 섬기는 데 예를 다하는 것을 사람들은 아첨한다고
여긴다."

◆ ◆ ◆

14) 곡삭(告朔)은 역법(曆法)과 관련된 제사로, 매월 초하루에 선조 묘에 살아 있
는 양을 바치고 초하루가 시작되었음을 고했다.

子曰 事君盡禮, 人以爲諂也.

자왈 사군진례 인이위첨야

◆ 3-19

노나라 정공(定公)¹⁵⁾이 물었다.

"임금이 신하를 부리고, 신하가 임금을 섬기는 일은 어떻게
해야 합니까?"

공자가 대답했다.

"임금은 예로써 신하를 부리고, 신하는 충으로써 임금을 섬
겨야 합니다."

定公問 君使臣, 臣事君, 如之何?

孔子對曰 君使臣以禮, 臣事君以忠.

정공문 군사신 신사군 여지하

공자대왈 군사신이례 신사군이충

◆ ◆ ◆

15) 정공(定公)은 노나라 왕으로 양공(襄公)의 아들이다. 이름은 송(宋)이고 BC
509년에서 495년까지 15년간 재위했다. 공자는 정공이 재위하던 시절에 등용되
어 대사구를 지냈으나 삼환 세력을 무력화시키려다 실패하고 14년간의 긴 여정
을 떠났다.

◆3-20

공자가 말했다.

"관저(關雎) 노래는 즐겁지만 음탕하지 않고, 슬프지만 상심
하게 하지 않는다."

子曰 關雎, 樂而不淫, 哀而不傷.

자왈 관저 낙이불음 애이불상

◆3-21

노나라 애공(哀公)이 재아(宰我)[16]에게 사(社)[17]에 심는 나무
에 대해 물었다. 재아가 대답하여 말했다.

"하나라 왕조는 소나무를 썼고, 은나라 사람들은 측백나무
를 썼고, 주나라 사람들은 밤나무를 썼습니다. 밤나무를 쓴
것은 사람들을 두려워하게 만들기 위해서였습니다.[18]"

◆ ◆ ◆

16) 재아(宰我)는 노나라 사람으로 성(姓)은 재(宰)이고 이름은 여(予)이며, 자
(字)는 자아(子我)이다. 재아는 공자의 제자들 중에 말재주가 좋은 것으로 유명
했다.
17) 사(社)는 토지신을 모시는 곳으로 네모 형태로 높이 단을 쌓고 신주(神主)의
상징으로 나무를 심었다. 이 사직단의 나무는 왕조마다 달랐다.

공자가 이 말을 듣고 말했다.

"이미 이루어진 일이라 말하지 않고, 끝난 일이라 간언하지 않고, 이미 지나가버린 일이라 탓하지 않겠다."

哀公問社於宰我. 宰我對曰 夏后氏以松, 殷人以柏, 周人以栗,

曰使民戰栗. 子聞之曰 成事不說, 遂事不諫, 旣往不咎.

애공문사어재아 재아대왈 하후씨이송 은인이백 주인이율

왈사민전율 자문지왈 성사불설 수사불간 기왕불구

◆3-22

공자가 말했다.

"관중(管仲)¹⁹⁾은 그릇이 작았다!"

그러자 어떤 사람이 말했다.

"관중은 검소했습니까?"

◆◆◆

18) '밤나무를 통해 백성을 두렵게 만들려고 했다'는 것은 한자에 밤나무를 뜻하는 '율(栗)'이 두려움을 의미하는 '율(慄)'과 음이 같기 때문에 두려움의 상징적인 의미로 밤나무를 심었다는 뜻이다.

19) 관중(管仲)은 제나라 대부로 성(姓)은 관(管)이고 이름은 이오(夷吾)이며, 자(字)는 중(仲)이다. 관중은 제나라 환공(桓公)을 도와 패권을 잡았다.

공자가 말했다.

"관중은 부인이 세 명 있었고, 아랫사람들에게 관직을 겸임시키는 일이 없었으니 어찌 검소했다고 하겠는가?"

"그러면 관중은 예를 알았습니까?"

공자가 말했다.

"나라의 임금만이 나무를 심어 문 안쪽을 가릴 수 있는데 관중 또한 나무를 심어 문 안쪽을 가렸고, 나라의 임금만이 양쪽 임금의 친목을 위해 술잔 받침대를 두었는데 관중 또한 술잔 받침대를 두었으니, 관중이 예를 안다고 한다면 누가 예를 모른다고 하겠는가?"

子曰 管仲之器小哉! 或曰 管仲儉乎? 曰 管氏有三歸, 官事不攝, 焉得儉? 然則管仲知禮乎? 曰 邦君樹塞門, 管氏亦樹塞門. 邦君爲兩君之好, 有反坫, 管氏亦有反坫. 管氏而知禮, 孰不知禮?

자왈 관중지기소재 혹왈 관중검호 왈 관씨유삼귀 관사불섭

언득검 연즉관중지례호 왈 방군수색문 관씨역수색문

방군위량군지호 유반점 관씨역유반점 관씨이지례 숙부지례

◆3-23

공자가 노나라의 악관 태사(大師)에게 음악에 관하여 말했다.

"음악의 전체 구성은 알 만한 것이다. 시작할 때는 모든 음이 합해지는 듯하고, 이어서 음이 조화를 이루는 듯하고, 음색이 분명해지는 듯하고, 끊임없이 이어지는 듯하여 완성된다."

子語魯大師樂曰 樂其可知也 始作, 翕如也.

從之, 純如也, 皦如也, 繹如也, 以成.

자어노태사악왈 악기가지야 시작 흡여야

종지 순여야 교여야 역여야 이성

◆3-24

위나라 의(儀) 땅의 국경을 지키는 관리가 뵙기를 청하며 말했다.

"군자가 이 땅에 이르면 내가 만나보지 않은 적이 없었다."

공자를 모시던 제자들이 만나보게 해주었다. 그가 공자를 만나고 나와서 말했다.

"그대들은 어찌하여 선생께서 지위를 얻지 못하고 유랑함

을 걱정하는가? 천하에 도가 없어진 지 오래되었다. 하늘은
선생을 세상에 도를 알리는 목탁으로 삼으실 것이다."

儀封人請見. 曰 君子之至於斯也, 吾未嘗不得見也. 從者見之.
出曰 二三子, 何患於喪乎? 天下之無道也久矣, 天將以夫子爲木鐸.
의봉인청현 왈 군자지지어사야 오미상부득현야 종자현지
출왈 이삼자 하환어상호 천하지무도야구의 천장이부자위목탁

◆ 3-25

공자가 순임금의 음악인 소악(韶樂)을 평가하여 말했다.
"지극히 아름답고 또한 지극히 선하다."
무왕의 음악인 무악(武樂)을 평하여 말했다.
"지극히 아름답지만 지극히 선하지는 못하다."

子謂韶 盡美矣, 又盡善也. 謂武, 盡美矣, 未盡善也.
자위소 진미의 우진선야 위무 진미의 미진선야

◆3-26

공자가 말했다.

"윗자리에 있으면서 관대하지 않고, 예를 행함에 공경하지 않고, 장례에 참여하여 슬퍼하지 않는다면, 내가 그를 무엇으로 평가하겠는가?"

子曰 居上不寬, 爲禮不敬, 臨喪不哀, 吾何以觀之哉?

자왈 거상불관 위례불경 임상불애 오하이관지재

| 제 4 편 | 이인 里仁

◆4-1

공자가 말했다.

"인(仁)한 사람이 사는 마을이 살기 좋은 곳이다. 살 곳을 선택하되 인한 사람이 사는 곳에 살지 않는다면 어찌 지혜롭다고 하겠는가?"

子曰 里仁爲美. 擇不處仁, 焉得知?

자왈 이인위미 택불처인 언득지

◆4-2

공자가 말했다.

"인하지 못한 사람은 오랫동안 곤궁하게 살 수 없고 오랫동안 안락하게 살 수 없다. 인한 사람은 인을 편안히 여기고, 지혜로운 사람은 인을 이롭게 여긴다."

子曰 不仁者不可以久處約, 不可以長處樂. 仁者安仁, 知者利仁.

자왈 불인자불가이구처약 불가이장처락 인자안인 지자이인

◆4-3

공자가 말했다.

"오직 인한 사람만이 사람을 좋아하고 사람을 싫어할 수 있다."

子曰 唯仁者 能好人, 能惡人.

자왈 유인자 능호인 능오인

◆4-4

공자가 말했다.

"진실로 인에 뜻을 두면 악한 일을 하지 않는다."

子曰, 苟志於仁矣, 無惡也.

자왈 구지어인의 무악야

◆4-5

공자가 말했다.

"부귀는 사람들이 원하는 것이지만 정당한 도로써 얻은 것이 아니면 가지지 말아야 한다. 빈천은 사람들이 싫어하는 것이지만 도(道)로써 얻은 것이 아닐지라도 벗어나려 하지 않아야 한다. 군자가 인(仁)을 버리면 어떻게 명성을 이룰 수 있겠는가? 군자는 밥을 먹는 동안에도 인을 어기지 말고, 급할 때도 반드시 인과 함께하고, 넘어질 때도 반드시 인과 함께해야 한다."

子曰 富與貴是人之所欲也, 不以其道得之, 不處也.

貧與賤是人之所惡也, 不以其道得之, 不去也. 君子去仁,

惡乎成名? 君子無終食之間違仁, 造次必於是, 顚沛必於是.

자왈 부여귀시인지소욕야 불이기도득지 불처야

빈여천시인지소오야 불이기도득지 불거야 군자거인

오호성명 군자무종식지간위인 조차필어시 전패필어시

◆4-6

공자가 말했다.

"나는 아직 인을 좋아하는 사람과 인하지 못한 것을 싫어하는 사람을 보지 못했다. 인을 좋아하는 사람은 더 이상 보탤 것이 없다. 인하지 못한 것을 싫어하는 사람은 인을 행함에 있어서 인하지 못함이 자신에게 미치지 못하게 할 것이다.

하루라도 인에 힘을 쓰는 사람이 있는가? 나는 힘이 부족한 사람을 본 적이 없다. 있을지 모르지만, 나는 아직 보지 못했다."

子曰 我未見好仁者, 惡不仁者. 好仁者, 無以尚之, 惡不仁者,
其爲仁矣, 不使不仁者加乎其身. 有能一日用其力於仁矣乎?
我未見力不足者. 蓋有之矣, 我未之見也.
자왈 아미견호인자 오불인자 호인자 무아상지 오불인자
기위인의 불사불인자가호기신 유능일일용기력어인의호
아미견력부족자 개유지의 아미지견야

◆ 4-7
공자가 말했다.
"사람의 과오란 각기 그 무리를 따른다. 과오를 보면 그 사람이 인한지 그렇지 않은지를 알 수 있다."

子曰 人之過也, 各於其黨. 觀過, 斯知仁矣.
자왈 인지과야 각어기당 관과 사지인의

◆4-8

공자가 말했다.

"아침에 도를 들으면 저녁에 죽어도 좋다."

子曰 朝聞道, 夕死可矣.

자왈 조문도 석사가의

◆4-9

공자가 말했다.

"선비가 도에 뜻을 두고서 거친 옷과 거친 밥을 부끄러워하
면 그와 더불어 이야기할 것이 없다."

子曰 士志於道, 而恥惡衣惡食者, 未足與議也.

자왈 사지어도 이치악의악식자 미족여의야

◆4-10

공자가 말했다.

"군자는 천하의 일에 대해 반드시 해야 한다는 것도, 하지

않아야 한다는 것도 없다. 오로지 의(義)를 따를 뿐이다."

子曰 君子之於天下也, 無適也, 無莫也, 義之與比.

자왈 군자지어천하야 무적야 무막야 의지여비

◆4-11

공자가 말했다.

"군자는 덕을 생각하고, 소인은 자신의 편안함만을 생각한다. 군자는 법을 생각하고 소인은 작은 혜택을 생각한다."

子曰 君子懷德, 小人懷土. 君子懷刑, 小人懷惠.

자왈 군자회덕 소인회토 군자회형 소인회혜

◆4-12

공자가 말했다.

"이익을 따라 행동하면 원망만 많아진다."

子曰 放於利而行, 多怨.

자왈 방어리이행 다원

◆4-13

공자가 말했다.

"예와 겸양으로 나라를 다스릴 수 있다면 어떤 어려움이 있
겠는가? 예와 겸양으로 나라를 다스릴 수 없다면 예를 어디에
쓰겠는가?"

子曰 能以禮讓爲國乎? 何有? 不能以禮讓爲國, 如禮何?

자왈 능이례양위국호 하유 불능이례양위국 여례하

◆4-14

공자가 말했다.

"지위가 없음을 걱정하지 말고, 그 자리에 설 수 있는 능력
이 있는지 걱정하라. 자기를 알아주지 않음을 걱정하지 말고,
실력을 쌓아 알려질 수 있기를 구하라."

子曰 不患無位, 患所以立. 不患莫己知, 求爲可知也.

자왈 불환무위 환소이립 불환막기지 구위가지야

◆ 4-15

공자가 말했다.

"삼(參, 증자)아! 나의 도는 하나로 관통하고 있다."

증자가 말했다.

"예."

공자가 나갔다. 문인들이 증자에게 물었다.

"무슨 말씀인가?"

증자가 말했다.

"선생님의 도는 충(忠)과 서(恕)일 뿐입니다."

子曰 參乎! 吾道一以貫之. 曾子曰 唯. 子出. 門人問曰 何謂也?

曾子曰 夫子之道, 忠恕而已矣.

자왈 삼호 오도일이관지 증자왈 유 자출 문인문왈 하위야

증자왈 부자지도 충서이이의

◆4-16

공자가 말했다.

"군자는 의(義)에서 깨닫고, 소인은 이익(利)에서 깨닫는다."

子曰 君子喩於義, 小人喩於利.

자왈 군자유어의 소인유어리

◆4-17

공자가 말했다.

"어진 사람을 보면 그를 본받으려 하고, 어질지 못한 사람을 보면 스스로 안을 되돌아보아야 한다."

子曰 見賢思齊焉, 見不賢而內自省也.

자왈 견현사제언 견불현이내자성야

◆4-18

공자가 말했다.

"부모를 모실 때는 은미하게 간언해야 한다. 부모의 뜻이 나

를 따르지 않음을 보더라도 공경하고 어기지 말며, 힘들게 해
도 원망하지 말아야 한다."

子曰 事父母幾諫. 見志不從, 又敬不違, 勞而不怨.
자왈 사부모기간 견지부종 우경불위 노이불원

◆4-19
공자가 말했다.
"부모가 살아 계실 때는 멀리 여행 가지 않아야 한다. 여행
을 가게 되면 반드시 부모님께 가는 곳을 알려 드려야 한다."

子曰 父母在, 不遠遊. 遊必有方.
자왈 부모재 불원유 유필유방

◆4-20
공자가 말했다.
"삼 년 동안 아버지의 도를 고치지 않아야 효라고 말할 만하
다."

子曰 三年無改於父之道, 可謂孝矣.

자왈 삼년무개어부지도 가위효의

◆4-21

공자가 말했다.

"부모의 나이는 알지 않으면 안 된다. 한편으로는 기쁘고, 다른 한편으로는 두렵다."

子曰 父母之年, 不可不知也. 一則以喜, 一則以懼.

자왈 부모지년 불가부지야 일즉이희 일즉이구

◆4-22

공자가 말했다.

"옛 사람들이 말을 함부로 하지 않은 것은 몸소 실천함이 거기에 미치지 못하는 것을 부끄럽게 여겼기 때문이다."

子曰 古者言之不出, 恥躬之不逮也.

자왈 고자언지불출 치궁지불체야

◆4-23

공자가 말했다.

"검약하면 실수가 적다."

子曰 以約失之者鮮矣.

자왈 이약실지자선의

◆4-24

공자가 말했다.

"군자는 말을 어눌하게 하고 행동을 민첩하게 한다."

子曰 君子欲訥於言而敏於行.

자왈 군자욕눌어언이민어행

◆4-25

공자가 말했다.

"덕은 외롭지 않고 반드시 이웃이 있다."

子曰 德不孤, 必有鄰.

자왈 덕불고 필유린

◆4-26

자유가 말했다.

"임금을 섬김에 너무 자주 간하면 모욕을 당하고, 친구 간에 너무 자주 충고하면 사이가 멀어진다."

子游曰 事君數, 斯辱矣, 朋友數, 斯疏矣.

자유왈 사군삭 사욕의 붕우삭 사소의

| 제 5 편 | 공야장 公冶長

◆5-1

공자가 공야장(公冶長)¹⁾을 평가하여 말했다.

"사위로 삼을 만하다. 비록 감옥에 갇혀 있지만 그의 죄가 아니다."

그러고는 자기 딸을 시집보냈다.

子謂公冶長, 可妻也. 雖在縲絏之中, 非其罪也. 以其子妻之.
자위공야장 가처야 수재류설지중 비기죄야 이기자처지

◆5-2

공자가 남용(南容)²⁾을 평가하여 말했다.

"나라에 도가 있으면 버려지지 않고, 나라에 도가 없으면 형벌을 면할 것이다."

◆ ◆ ◆

1) 공야장(公冶長)은 공자의 제자로 성(姓)은 공야(公冶)이고 이름은 장(長)이며, 자(字)는 자장(子長)이다. 공야장의 출신에 대해 《가어》에는 노나라 사람이라고 기록되어 있고, 《사기》에는 제나라 사람이라고 기록되어 있다. 그는 치욕을 잘 참았다.
2) 남용(南容)은 공자의 제자로 성(姓)은 남궁(南宮)이고 이름은 괄(适)이며, 자(字)는 자용(子容)이다. 노나라 사람으로 매우 신중한 편이었다.

그러고는 형의 딸을 그에게 시집보냈다.

子謂南容, 邦有道, 不廢. 邦無道, 免於刑戮. 以其兄之子妻之.
자위남용 방유도 불폐 방무도 면어형륙 이기형지자처지

◆5-3

공자가 자천(子賤)[3]을 평하여 말했다.

"군자답구나, 이 사람이여! 노나라에 군자가 없다면 어디에
이러한 군자가 있겠는가?"

子謂子賤, 君子哉若人! 魯無君子者, 斯焉取斯?
자위자천 군자재약인 노무군자자 사언취사

◆ ◆ ◆

3) 자천(子賤)은 공자의 제자로 성(姓)은 복(宓)이고 이름은 부제(不齊)이며, 자
(字)는 자천(子賤)이다. 노나라 사람이고 공자보다 49세 연하이다. 《공자가어》에
서는 자천에 대해 다음과 같이 말하고 있다.
"선보(單父) 지역의 읍재를 지냈고, 재능과 지혜가 있고 백성을 사랑했기 때문에
차마 백성을 속이지 않았다. 공자는 그를 높이 평가했다."

◆ 5-4

자공이 물었다.

"저는 어떤 사람입니까?"

공자가 말했다.

"너는 그릇이다."

자공이 물었다.

"어떤 그릇입니까?"

공자가 말했다.

"종묘 제사에 쓰는 귀한 호련 옥그릇이다."

子貢問曰 賜也何如? 子曰 女器也. 曰 何器也? 曰 瑚璉也.

자공문왈 사야하여 자왈 여기야 왈 하기야 왈 호련야

◆ 5-5

어떤 사람이 말했다.

"옹(雍)[4]은 인(仁)하지만 말을 잘 못합니다."

공자가 말했다.

"말 잘하는 것을 어디에 쓰겠는가? 말재주로 남의 말을 막아 사람들에게 자주 미움을 받게 된다. 그가 인한지는 모르지만 말재주는 어디에 쓰겠는가?"

或曰 雍也仁而不佞. 子曰 焉用佞?

禦人以口給, 屢憎於人. 不知其仁, 焉用佞?

혹왈 옹야인이불녕 자왈 언용녕

어인이구급 누증어인 부지기인 언용녕

◆5-6

공자가 칠조개(漆雕開)⁵⁾를 관직에 나아가게 하려 했다. 칠조
개가 말했다.

"저는 벼슬에 대해 아직 자신할 수 없습니다."

공자가 기뻐했다.

◆◆◆

4) 옹(雍)은 공자의 제자로 성(姓)은 염(冉)이고 이름은 옹(雍)이며, 자(字)는 중궁
(仲弓)이다. 염옹은 노나라 사람으로 공자보다 29세 연하이다. 그는 공자의 10대 제
자 중 한 사람으로 덕행이 뛰어났다. 《공자가어》에서는 다음과 같이 말하고 있다.
"염백우와 같은 종족이고 못난 아버지 밑에서 자랐지만 덕행으로 이름을 날렸다."

5) 칠조개(漆雕開)는 공자의 제자로 성(姓)은 칠조(漆雕)이고, 이름은 개(開)이
며, 자(字)는 자개(子開)이다. 칠조개는 노나라 사람으로 공자보다 11세 연하이다.
《공자가어》에는 그가 《상서》를 익혔으며 벼슬하는 것을 즐겁게 여기지 않았다고
기록되어 있다.

子使漆雕開仕. 對曰 吾斯之未能信 子說.
자사칠조개사 대왈 오사지미능신 자열

◆5-7

공자가 말했다.

"도가 행해지지 않는구나, 뗏목을 타고 바다를 건너 떠나고
싶다. 나를 따르는 자는 오직 유(由, 자로)일 것이다."

자로가 이 말을 듣고 기뻐했다. 공자가 말했다.

"유는 용맹함을 좋아하는 것은 나보다 뛰어나지만 사리분별
을 잘 못한다."

子曰 道不行, 乘桴浮于海. 從我者 其由與.

子路聞之喜. 子曰 由也好勇過我, 無所取材.

자왈 도불행 승부부우해 종아자 기유여

자로문지희 자왈 유야호용과아 무소취재

◆5-8

노나라 대부 맹무백(孟武伯)이 물었다.

"자로는 인(仁)한 사람입니까?"

공자가 말했다.

"잘 모르겠소."

맹무백이 또 묻자 공자가 말했다.

"유(由)는 천 대의 전차(戰車)가 나올 수 있는 큰 나라의 군대 재정을 다스리게 할 만하지만, 그가 인한지는 모르겠소."

"그렇다면 구(求, 염유)는 어떻습니까?"

공자가 말했다.

"구는 천 가구 정도 되는 읍이나 천 대의 전차가 나올 수 있는 대부의 영지에서 일을 총괄하는 직책을 맡길 만하지만, 그가 인한지는 모르겠소."

"그러면 적(赤, 공서화)[6]은 어떻습니까?"

공자가 말했다.

"적은 예복을 갖춰 입고 조정에 서서 다른 나라 사신들을 접

◆ ◆ ◆

6) 적(赤)은 공자의 제자로 성(姓)은 공서(公西)이고 이름은 적(赤)이며, 자(字)는 자화(子華)이다. 노나라 사람으로 공자보다 42세 연하이다. 《공자가어》에는 그가 관복을 입고 조정에 나가면 빈주 간의 예의에 밝았다고 기록되어 있다.

대하고 대화를 나누게 할 만하지만, 그가 인한지는 모르겠소."

孟武伯問 子路仁乎? 子曰 不知也. 又問.

子曰 由也, 千乘之國, 可使治其賦也, 不知其仁也. 求也何如?

子曰 求也, 千室之邑, 百乘之家, 可使爲之宰也, 不知其仁也.

赤也何如? 子曰 赤也, 束帶立於朝, 可使與賓客言也, 不知其仁也.

맹무백문 자로인호 자왈 부지야 우문

자왈 유야 천승지국 가사치기부야 부지기인야 구야하여

자왈 구야 천실지읍 백승지가 가사위지재야 부지기인야

적야하여 자왈 적야 속대립어조 가사여반객언야 부지기인야

◆5-9

공자가 자공에게 말했다.

"너와 회(回, 안회) 중에 누가 더 뛰어나느냐?"

자공이 대답했다.

"제가 어찌 감히 안회와 비교되기를 바라겠습니까? 안회는 하나를 들으면 열을 알고, 저는 하나를 들으면 둘을 알 뿐입니다."

공자가 말했다.

"안회만 못하다! 나와 너 모두 안회만 못하다."[7]

子謂子貢曰 女與回也孰愈? 對曰 賜也何敢望回.

回也聞一以知十, 賜也聞一以知二.

子曰 弗如也! 吾與女弗如也.

자위자공왈 여여회야숙유 대왈 사야하감망회

회야문일이지십 사야문일이지이

자왈 불여야 오여여불여야

◆ 5-10

재여(宰予)[8]가 낮잠을 잤다. 공자가 말했다.

"썩은 나무에는 조각을 할 수 없고, 썩은 흙으로 만든 담은 손질할 수가 없다. 재여에 대해 무엇을 꾸짖겠는가?"

◆ ◆ ◆

7) 주희는 '여(與)'를 '인정한다'의 뜻으로 풀이하여 '나는 네가 안회만 같지 못함을 인정한다'로 해석했다. 이와 달리 포함(包咸)은 '여(與)'를 '~와'의 뜻으로 풀이하여 공자가 안연만 못하다고 말하는 자공을 위로하기 위해 '나와 너 모두 안회만 못하다'고 말한 것으로 해석했다.
8) 재여(宰予)는 노나라 사람으로 성(姓)은 재(宰)이고 이름은 여(予)이며, 자(字)는 자아(子我)이다.

공자가 말했다.

"처음에 나는 다른 사람에 대해 그의 말을 듣고 그의 행실을 믿었지만, 이제 나는 다른 사람에 대해 그의 말을 듣고도 그의 행동을 살피게 되었다. 나는 재여 때문에 이렇게 고친 것이다."[9]

宰予晝寢. 子曰 朽木不可雕也, 糞土之牆不可杇也, 於予與何誅.

子曰 始吾於人也, 聽其言而信其行.

今吾於人也, 聽其言而觀其行. 於予與改是.

재여주침 자왈 후목불가조야 분토지장불가오야 어여여하주

자왈 시오어인야 청기언이신기행

금오어인야 청기언이관기행 어여여개시

◆ ◆ ◆

9) 공자의 제자 재여는 말을 잘하고 지적으로 뛰어났지만 배운 것을 실천하는 데 있어서는 성실하지 못했다. 공자는 '낮잠'을 자고 있는 재여를 비판하기 위해 '썩은 나무'와 '썩은 흙'의 비유를 들고 있다. 썩은 나무에 조각을 할 수 없고, 썩은 흙으로 담을 쌓을 수 없는 것처럼 게으르면 인한 사람이 될 수 없음을 지적하고 있다. 공자는 배움에서 중요한 것은 말이 아닌 실천을 통한 쉼 없는 노력임을 강조하고 있다.

◆5-11

공자가 말했다.

"나는 강(剛)한 사람을 보지 못했다."

어떤 사람이 대답했다.

"신장(申棖)[10]이 있습니다."

공자가 말했다.

"신장은 욕심이 많은 것이지 어찌 강하다고 할 수 있겠는 가?"

子曰 吾未見剛者. 或對曰 申棖. 子曰 棖也慾, 焉得剛?

자왈 오미견강자 혹대왈 신장 자왈 정야욕 언득강

◆5-12

자공이 말했다.

"저는 남이 저를 업신여기기를 원하지 않기에 나 또한 다른

◆ ◆ ◆

10) 신장(申棖)이 누구인지에 대해서는 설이 분분하다. 포함은 노나라 사람이라고만 말했고, 정현은 공자의 제자 신속(申續)이라고 했다. 《사기》에서는 신당(申棠)으로 자(字)는 주(周)라고 말했고, 《가어》에서는 신적(申績)이고 자(字)는 주(周)라고 말했다.

사람을 업신여기지 않고자 합니다."

공자가 말했다.

"사(賜)야, 네가 할 수 있는 일이 아니다."

子貢曰 我不欲人之加諸我也, 吾亦欲無加諸人.

子曰 賜也, 非爾所及也.

자공왈 아불욕인지가저아야 오역욕무가저인

자왈 사야 비이소급야

◆ 5-13

자공이 말했다.

"선생님의 예악제도에 대한 가르침은 들을 수 있었지만, 선생님께서 성(性)과 천도(天道)에 대해 말씀하시는 것은 들을 수 없었다."

子貢曰 夫子之文章, 可得而聞也 夫子之言性與天道,

不可得而聞也.

자공왈 부자지문장 가득이문야 부자지언성여천도

불가득이문야

자로는 좋은 말을 듣고도 아직 잘 실천하지 못했을 때는 다시 새로운 가르침을 들을까 두려워했다.

子路有聞, 未之能行, 唯恐有聞.

자로유문 미지능행 유공유문

◆5-15

자공이 물었다.

"위나라 대부 공문자(孔文子)[11]는 어떻게 '문(文)'이라는 좋은 시호를 얻게 되었습니까?"

공자가 말했다.

"영민한 사람인데도 배우기를 좋아하고, 아랫사람에게 묻는 것을 부끄러워하지 않았기 때문에 '문'이라고 부른 것이다."

◆ ◆ ◆

11) 공문자(孔文子)는 위나라의 대부로 성(姓)은 공(孔)이고 이름은 어(圉)이다. 공문자에 대해서는 《좌전》 애공 11년 조목에 나온다. 이 구절에서 자공은 그가 훌륭한 사람이 아닌데 어떻게 훌륭한 사람에게 부여하는 '문'이라는 시호를 얻었는지 묻고 있다.

子貢問曰 孔文子何以謂之文也?

子曰 敏而好學, 不恥下問, 是以謂之文也.

자공문왈 공문자하이위지문야

자왈 민이호학 불치하문 시이위지문야

◆ 5-16

공자가 정나라 대부 자산(子産)¹²⁾을 평가하여 말했다.

"그에게는 네 가지 군자의 도가 있었다. 몸가짐은 공손하고,
윗사람을 섬길 때는 공경을 다하고, 백성을 보살필 때는 은혜
를 베풀고, 백성을 부릴 때는 의롭게 했다."

子謂子産 有君子之道四焉, 其行己也恭, 其事上也敬, 其養民也惠,
其使民也義.

자위자산 유군자지도사언 기행기야공 기사상야경 기양민야혜

기사민야의

◆ ◆ ◆

12) 자산(子産)은 정나라 대부로 성(姓)은 공손(公孫)이고 이름은 교(僑)이다. 공
자보다 1세대 빠른 정나라의 명망 높은 정치가였다.

◆5-17

공자가 말했다.

"제나라 대부 안평중(晏平仲)[13]은 사람과 잘 사귀었다. 오래
될수록 오히려 공경했다."

子曰 晏平仲善與人交, 久而敬之.

자왈 안평중선여인교 구이경지

◆5-18

공자가 말했다.

"노나라 대부 장문중(臧文仲)[14]은 제후가 점치는 데 사용하
는 큰 거북껍데기를 가지고 있었고, 자신의 집을 궁궐처럼 기

◆ ◆ ◆

13) 안평중(晏平仲)은 제나라 대부로 성(姓)은 안(晏)이고 이름은 영(嬰)이며, 자
(字)는 중(仲)이고 평(平)은 시호이다. 《사기》에서는 안평중을 제나라 경공(景公)
이 공자를 기용하려고 했을 때 반대했던 인물이라고 기록하고 있다.

14) 장문중(臧文仲)은 노나라 대부로 성(姓)은 장손(臧孫)이고 이름은 진(辰)이
며, 자(字)는 중(仲)이고 시호는 문(文)이다. 그는 지혜로운 사람으로 존경받았지
만 공자는 그가 군주만이 행하던 큰 거북점을 치고, 궁궐에나 사용하는 건물 단
청을 자신의 집에 사용했으므로 예를 심하게 어겼다고 비판하고 있다.

103

둥머리 두공에 산 모양을 조각하고, 대들보 위의 동자기둥에
수초 문양을 새겼으니, 어찌 그를 지혜롭다 하겠는가?"

子曰 臧文仲居蔡, 山節藻稅, 何如其知也?

자왈 장문중거채 산절조절 하여기지야

◆5-19

자장이 물었다.

"초나라 영윤(令尹)¹⁵⁾이었던 자문(子文)¹⁶⁾은 세 번이나 관직에
나아가 영윤이 되었는데도 기뻐하는 기색이 없었고, 세 번이
나 관직을 그만두면서도 원망하는 기색이 없었습니다. 자신이
맡아보던 정사를 반드시 새로 부임해온 영윤에게 상세히 알려
주었습니다. 이 사람은 어떻습니까?"

공자가 말했다.

"충직한 사람이다."

◆ ◆ ◆

15) 영윤(令尹)은 초나라 관직명으로 재상을 가리킨다.
16) 자문(子文)은 초나라 재상으로 성(姓)은 투(鬪)이고 이름은 곡(穀)이며, 자
(字)는 토(菟) 또는 자문(子文)이다.

자장이 물었다.

"인(仁)하다고 할 만합니까?"

공자가 말했다.

"모르겠다. 어찌 인하다고 말할 수 있겠는가?"

자장이 또 물었다.

"제나라 대부 최자(崔子)[17]가 제나라 장공(莊公)을 시해하자, 진문자(陳文子)[18]는 말 10승(乘)[19]의 재산을 소유하고 있었는데 버리고 떠났습니다. 다른 나라에 도착해서 말하기를 "이 나라 권력자들도 우리나라 대부 최자와 같구나" 하고 떠났습니다. 또 다른 나라에 이르러 말하기를 "이 나라 권력자들도 우리나라 대부 최자와 같구나" 하고 떠났습니다. 이 사람은 어떻습니까?"

공자가 말했다.

"청렴하다."

자장이 물었다.

◆ ◆ ◆

17) 최자(崔子)는 제나라 대부로 성(姓)은 최(崔)이고 이름은 저(杼)이다.
18) 진문자(陳文子)는 제나라 대부로 성(姓)은 진(陳) 또는 전(田)이고, 이름은 수무(須無)이며, 문(文)은 그의 시호이다.
19) 말 10승(乘)은 말 40마리를 말한다. 1승(乘)은 수레 한 대를 끌 수 있는 네 필의 말을 가리킨다.

"인하다고 할 만합니까?"

공자가 말했다.

"모르겠다. 어찌 인하다고 할 수 있겠는가?"[20]

子張問曰 令尹子文 三仕爲令尹, 無喜色. 三已之, 無慍色.

舊令尹之政, 必以告新令尹. 何如? 子曰 忠矣.

曰 仁矣乎? 曰 未知, 焉得仁? 崔子弑齊君, 陳文子有馬十乘,

棄而違之. 至於他邦, 則曰 猶吾大夫崔子也.

違之. 之一邦, 則又曰 猶吾大夫崔子也. 違之.

何如? 子曰 淸矣. 曰 仁矣乎? 曰 未知. 焉得仁?

자장문왈 영윤자문 삼사위영윤 무희색 삼이지 무온색

구영윤지정 필이고신영윤 하여 자왈 충의

왈 인의호 왈 미지 언득인 최자시제군 진문자유마십승

기이위지 지어타방 특왈유오대부최자야

위지 지일방 즉우왈 유오대부최자야 위지

하여 자왈 청의 왈 인의호 왈 미지 언득인

◆ ◆ ◆

20) 이 구절은 초나라의 자문과 제나라의 최자에 대한 인물 평을 중심으로 구성
되어 있다. 초나라의 자문은 인품이 충직했고, 제나라의 최자는 청렴한 성품을
지녔다.

◆5-20

노나라 대부 계문자(季文子)[21]는 세 번 생각한 후에 행동했다. 공자가 그 말을 듣고 말했다.

"두 번 생각하면 충분하다."

季文子三思而後行. 子聞之, 曰 再斯可矣.

계문자삼사이후행 자문지 왈 재사가의

◆5-21

공자가 말했다.

"위나라 대부 영무자(甯武子)[22]는 나라에 도가 있을 때는 지혜롭게 행동하고, 나라에 도가 없을 때는 어리석은 듯이 행동했다. 그의 지혜로운 행동은 행할 수 있지만, 어리석은 듯한 행동은 행하기 어렵다."

◆ ◆ ◆

21) 계문자(季文子)는 노나라 대부로 성(姓)은 계손(季孫)이고 이름은 행보(行父)이며, 문(文)은 시호이다. 정현은 계문자에 대해 충성스럽고 현명했으며 일을 하는 데 과실이 적어서 반드시 세 번까지 생각할 필요는 없었다고 말했다.

22) 영무자(甯武子)는 위나라의 대부로 성(姓)은 영(甯)이고 이름은 유(兪)이며, 무(武)는 시호이다.

子曰 甯武子邦有道則知, 邦無道則愚. 其知可及也, 其愚不可及也.

자왈 영무자방유도즉지 방무도즉우 기지가급야 기우불가급야

◆5-22

공자가 진(陳)[23] 나라에 있을 때 말했다.

"돌아가자, 돌아가자! 내 고향의 어린 제자들은 뜻이 높고 진취적이며, 아름다운 문화적 소양을 갖추었지만, 그것을 어떻게 다듬어야 할지 모르는구나."

子在陳曰 歸與! 歸與! 吾黨之小子狂簡, 斐然成章, 不知所以裁之.

자재진왈 귀여 귀여 오당지소자광간 비연성장 부지소이재지

◆5-23

공자가 말했다.

"백이(伯夷)와 숙제(叔齊)[24]는 사람들의 지난 잘못을 생각하

◆ ◆ ◆

23) 진(陳)나라는 하남성 남쪽의 작은 나라였다. 공자는 56세 때 노나라를 떠나 14년간 여러 나라를 주유하면서 진나라를 두 번 방문했다.

지 않았으므로 원망을 사는 일이 거의 없었다."

子曰 伯夷叔齊不念舊惡, 怨是用希.

자왈 백이숙제불념구악 원시용희

◆ 5 -24

공자가 말했다.

"누가 미생고(微生高)²⁵⁾를 정직하다고 했는가? 어떤 사람이 미생고에게 식초를 빌리려고 했는데, 이웃집에서 빌려다가 그에게 주었다."

子曰 孰謂微生高直? 或乞醯焉, 乞諸其鄰而與之.

자왈 숙위미생고직 혹걸혜언 걸저기린이여지

◆ ◆ ◆

24) 백이(伯夷)와 숙제(叔齊)는 은나라 고죽군(孤竹君)의 두 아들로, 백이의 이름은 윤(允)이고 숙제의 이름은 치(致)이다. 주나라 무왕(武王)이 은나라 주왕(紂王)을 쳐서 멸망시킨 뒤 주나라의 곡식을 먹는 것을 부끄럽게 여겨 수양산에 들어가 굶어 죽었다.

25) 미생고(微生高)는 노나라 사람으로 성(姓)은 미생(微生)이고 이름은 고(高)이다. 미생고는 정직한 것으로 명성을 얻었다.

◆5-25

공자가 말했다.

"듣기 좋은 말과 좋은 얼굴빛, 지나친 공손을 좌구명(左丘明)26)이 부끄러워했는데, 나도 그것을 부끄러워한다. 원망함을 감추고 사람과 사귀는 것을 좌구명이 부끄러워했는데, 나도 그것을 부끄러워한다."

子曰 巧言 令色足恭, 左丘明恥之, 丘亦恥之.

匿怨而友其人, 左丘明恥之, 丘亦恥之.

자왈 교언 령색주공 좌구명치지 구역치지

익원이우기인 좌구명치지 구역치지

◆5-26

안연과 계로(季路, 자로)가 공자를 모시고 있는데, 공자가 말했다.

"너희 각각의 뜻을 말해보지 않겠느냐?"

◆◆◆

26) 좌구명(左丘明)은 성(姓)은 좌구(左丘)이고 이름은 명(明)이다. 공안국은 좌구명이 노나라 태사(大史)라고 했지만 확실하지 않다.

자로가 말했다.

"저는 마차와 말과 가벼운 가죽 옷을 친구와 함께 쓰다가 못 쓰게 되어도 아깝게 생각하지 않고자 하옵니다."

안연이 말했다.

"잘하는 것을 자랑하지 않고, 공로를 과시하지 않고자 하옵니다."

자로가 말했다.

"선생님의 뜻을 듣고 싶습니다."

공자가 말했다.

"노인들이 편안하게 하고, 친구들이 나를 믿게 하고, 어린 사람들을 따뜻하게 품어주고자 한다."

顔淵季路侍. 子曰 盍各言爾志? 子路曰 願車馬衣輕裘, 與朋友共.

敝之而無憾. 顔淵曰 願無伐善, 無施勞.

子路曰 願聞子之志. 子曰 老者安之, 朋友信之, 少者懷之.

안연계로시 자왈 합각언이지 자로왈 원거마의경구 여붕우공

폐지이무감 안연왈 원무벌선 무시로

자로왈 원문자지지 자왈 노자안지 붕우신지 소자회지

◆5-27

공자가 말했다.

"어쩔 수가 없구나! 나는 자신의 잘못을 보고 마음속으로 반성하는 사람을 아직 보지 못했다."

子曰 已矣乎! 吾未見能見其過而內自訟者也.

자왈 이의호 오미견능견기과이내자송자야

◆5-28

공자가 말했다.

"열 가구쯤 되는 마을에도 나처럼 충직하고 신의가 있는 사람은 반드시 있겠지만 나만큼 배우기를 좋아하는 사람은 없을 것이다."

子曰 十室之邑, 必有忠信如丘者焉, 不如丘之好學也.

자왈 십실지읍 필유충신여구자언 불여구지호학야

| 제 6 편 | 옹야 雍也

◆6-1

공자가 말했다.

"옹(雍)[1]은 임금이 될 만하다."

중궁(仲弓, 염옹)이 자상백자(子桑伯子)[2]에 대해 공자에게 물었다. 공자가 말했다.

"소탈함이 괜찮다."[3]

중궁이 말했다.

"자신은 경건하면서 소탈함으로 백성들에게 임한다면 그것은 괜찮은 것이 아닙니까? 자신도 소탈하고 사람들에게도 소탈하다면 그것은 지나치게 소탈한 것 아닙니까?"

공자가 말했다.

"네 말이 옳다."

◆◆◆

1) 옹(雍)은 공자의 제자로 성(姓)은 염(冉)이고 이름은 옹(雍)이며, 자(字)는 중궁(仲弓)이다.
2) 자상백자(子桑伯子)에 대해 주희는 노나라 사람이라 했고, 호인(胡寅)은《장자》〈대종사〉편에 나오는 자상호(子桑戶)라고 주장했다. 자상백자에 대해서는 정확한 기록이 없다.
3) '번거롭다'는 '간(簡)'을 번역한 것이다. '간(簡)'에 대해 황간은 '소략하고 간결함[疏簡]'이라 했고, 공안국은 '관대하고 소략함[寬略]'이라 했으며, 주희는 '번거롭지 않음[不煩]'이라 했다. '간(簡)'은 정치적 일을 처리하는 데 대범하고 소탈하여 번잡하지 않음을 의미한다.

子曰 雍也可使南面. 仲弓問子桑伯子, 子曰 可也簡.

仲弓曰 居敬而行簡, 以臨其民, 不亦可乎? 居簡而行簡,

無乃大簡乎? 子曰 雍之言然.

자왈 옹야가사남면 중궁문자상백자 자왈 가야간

중궁왈 거경이행간 이림기민 불역가호 거간이행간

무내대간호 자왈 옹지언연

◆6-2

노나라 애공(哀公)[4]이 물었다.

"제자 중에 누가 배우기를 좋아합니까?"

공자가 대답했다.

"안회라는 이가 있었는데 배우기를 좋아하고 노여움을 옮기지 않으며, 잘못을 두 번 반복하지 않았습니다. 그런데 불행하게도 명(命)이 짧아 죽었습니다. 지금은 그가 죽고 없으니 배우기를 좋아하는 사람이 있다는 말을 들어보지 못했습니다."

◆ ◆ ◆

4) 애공(哀公)은 노나라 임금으로 성(姓)은 희(姬)이고 이름은 장(蔣)이며, 애공(哀公)은 시호이다.

哀公問 弟子孰爲好學? 孔子對曰 有顔回者好學, 不遷怒, 不貳過.

不幸短命死矣! 今也則亡, 未聞好學者也.

애공문 제자숙위호학 공자대왈 유안회자호학 불천노 불이과

불행단명사의 금야즉무 미문호학자야

◆ 6-3

자화(子華)[5]가 제나라에 사신으로 가려고 하는데, 염구(冉求)[6]가 자화의 어머니를 위해 곡식을 청했다. 공자가 말했다.

"한 말 정도 주거라."

더 많이 청하자 공자가 말했다.

"그럼 한 가마 정도 주거라."

그런데 염구가 곡식 다섯 섬을 주었다. 공자가 말했다.

"적(赤, 자화)이 제나라로 가는데 살찐 말이 끄는 수레를 타고 가벼운 가죽 옷을 입고 갔다. 내가 듣기로 군자는 곤궁한 사람은 도와줘도 부유한 사람은 도와주지 않는다."

◆ ◆ ◆

5) 자화(子華)는 공자의 제자로 성(姓)은 공서(公西)이고 이름은 적(赤)이며, 자(字)는 자화(子華)이다.

6) 원문의 '염자(冉子)'는 공자의 제자로 성(姓)은 염(冉)이고 이름은 구(求)이며, 자(字)는 자유(子有)이다.

원사(原思)[7]가 공자의 집사(執事)가 되었다. 공자가 그에게 곡식 900말을 봉급으로 주려고 하자 그가 사양했다. 공자가 말했다.

"사양하지 말라! 그것을 너의 이웃과 마을 사람들에게 나누어주어라."

子華使於齊, 冉子爲其母請粟. 子曰 與之釜. 請益. 曰 與之庾.
冉子與之粟五秉. 子曰 赤之適齊也, 乘肥馬, 衣輕裘.
吾聞之也, 君子周急不繼富. 原思爲之宰, 與之粟九百, 辭.
子曰 毋! 以與爾鄰里鄕黨乎!

자화사어제 염자위기모청속 자왈 여지부 청익 왈 여지유
염자여지속오병 자왈 적지적제야 승비마 의경구
오문지야 군자주급불계부 원사위지재 여지속구백 사
자왈 무 이여이린리향당호

◆ ◆ ◆

7) 원사(原思)는 공자의 제자로 성(姓)은 원(原)이고 이름은 헌(憲)이며, 자(字)는 자사(子思)이다. 정현은 원사가 노나라 사람이라 했고, 《공자가어》에서는 송나라 사람이라고 했다. 《공자가어》에서는 원사의 사람됨에 대해 다음과 같이 말하고 있다.
"청빈하고 절개를 지켰으며 가난하지만 도를 즐거워했다. 공자가 노나라 대사구가 되었을 때 그는 공자의 가신이 되었다. 공자가 죽은 뒤에 물러나 은거하여 위나라에 머물렀다."

◆6-4

공자가 중궁(仲弓)을 평가하여 말했다.

"얼룩소의 새끼가 털이 붉고 뿔이 반듯하다면 비록 제물로 쓰지 않으려 해도, 산천의 신이 어찌 내버려 두겠는가?"

子謂仲弓曰 犂牛之子, 騂且角, 雖欲勿用, 山川其舍諸?
자위중궁왈 이우지자 성차각 수욕물용 산천기사저

◆6-5

공자가 말했다.

"안회는 그 마음이 석 달 동안 인을 어기지 않았는데, 그 밖의 제자들은 나날이 다달이 인에 이를 뿐이다."[8]

子曰 回也, 其心三月不違仁, 其餘則日月至焉而已矣.
자왈 회야 기심삼월불위인 기여즉일월지언이이의

◆ ◆ ◆

8) 원문의 '기여(其餘)'에 대해 공영달은 '안회 외의 제자들'로 해석했고, 주희는 '(3개월 동안 인을 어기지 않았지만) 그 후에는 하루에 한 번, 한 달에 한 번 이르는 것'을 뜻한다고 해석했다. 김용옥은 '기여'를 '3개월 후'로 보아 '3개월 이후에는 인을 잘 실천하여 날이면 날마다 달이면 달마다 저절로 이를 뿐'이라고 해석했다.

◆6-6

노나라 대부 계강자(季康子)가 물었다.

"중유(仲由, 자로)는 정치를 맡길 만합니까?"

공자가 말했다.

"유(由)는 과단성이 있으니 정치를 하는 데 무슨 어려움이 있겠습니까?"

계강자가 물었다.

"사(賜, 자공)는 정치를 맡길 만합니까?"

공자가 대답했다.

"사(賜)는 사리에 통달했으니 정치를 하는 데 무슨 어려움이 있겠습니까?"

계강자가 물었다.

"구(求, 염구)는 정치를 맡길 만합니까?"

공자가 대답했다.

"구(求)는 다재다능하니 정치를 하는 데 무슨 어려움이 있겠습니까?"

季康子問 仲由可使從政也與? 子曰 由也果, 於從政乎何有?

曰 賜也, 可使從政也與? 曰 賜也達, 於從政乎何有?

曰 求也, 可使從政也與? 曰 求也藝, 於從政乎何有?

계강자문 중유가사종정야여 자왈 유야과 어종정호하유

왈 사야 가사종정야여 왈 사야달 어종정호하유

왈 구야 가사종정야여 왈 구야예 어종정호하유

◆6-7

노나라 대부 계씨(季氏)가 민자건(閔子騫)[9]을 비읍(費邑)의 관리로 삼으려 했다. 민자건이 말했다.

"나를 위해 사양하는 말을 잘 전해주십시오. 만약 다시 나를 부르러 온다면 나는 반드시 문수(汶水)[10]가에 가 있을 것입니다."

季氏使閔子騫爲費宰. 閔子騫曰 善爲我辭焉.

如有復我者, 則吾必在汶上矣.

계씨사민자건위비재 민자건왈 선위아사언

여유부아자 즉오필재문상의

◆ ◆ ◆

9) 민자건(閔子騫)은 공자의 제자로 성(姓)은 민(閔)이고 이름은 손(損)이며, 자(字)는 자건(子騫)이다. 노나라 사람으로 공자보다 15세 연하이다. 그는 공자의 10대 제자 중 한 명으로 덕행에 뛰어났으며, 효를 잘 실천한 것으로 유명하다.

10) 문수(汶水)는 제나라 남쪽과 노나라 북쪽 사이에 있는 강이다.

◆ 6-8

백우(伯牛)[11]가 병이 들어 공자가 문병을 갔다. 공자가 창문으로 그의 손을 잡고 말했다.

"가망이 없구나, 운명이구나! 이 사람이 이런 병에 걸리다니! 이 사람이 이런 병에 걸리다니!"

伯牛有疾, 子問之, 自牖執其手, 曰 亡之, 命矣夫!

斯人也而有斯疾也! 斯人也而有斯疾也!

백우유질 자문지 자유집기수 왈 망지 명의부

사인야이유사질야 사인야이유사질야

◆ 6-9

공자가 말했다.

"현명하구나, 안회여. 한 그릇의 밥과 한 표주박의 물로 누추한 골목에서 사는 것을 사람들은 근심을 견디지 못하는데,

◆ ◆ ◆

11) 백우(伯牛)는 공자의 제자로 성(姓)은 염(冉)이고 이름은 경(耕)이며, 자(字)는 백우(伯牛)이다. 염백우는 노나라 사람으로 공자보다 7세 연하이다. 그는 공자의 10대 제자 중의 한 사람으로 덕행에 뛰어났다.

안회는 즐거움을 바꾸지 않는구나! 현명하구나, 안회여!"

子曰 賢哉, 回也! 一簞食, 一瓢飮, 在陋巷, 人不堪其憂,
回也不改其樂. 賢哉, 回也!
자왈 현재 회야 일단사 일표음 재루항 인불감기우
회야불개기락 현재 회야

◆6-10
염구가 말했다.
"선생님의 도를 좋아하지 않는 것은 아니지만 힘이 부족합
니다."
공자가 말했다.
"힘이 부족한 자는 중도에 그만둔다. 지금 너는 스스로 한
계를 긋고 있다."

冉求曰 非不說子之道, 力不足也. 子曰 力不足者, 中道而廢. 今女畫.
염구왈 비불열자지도 역부족야 자왈 역부족자 중도이폐 금여획

◆ 6-11

공자가 자하에게 말했다.

"너는 군자다운 선비가 되고 소인 같은 선비가 되지 말라."

子謂子夏曰 女爲君子儒, 無爲小人儒.

자위자하왈 여위군자유 무위소인유

◆ 6-12

자유가 노나라 무성(武城)의 관리가 되었다. 공자가 말했다.

"너는 인재를 얻었느냐?"

자유가 대답했다.

"담대멸명(澹臺滅明)[12]이라는 사람이 있는데, 다닐 때 지름길로 가지 않습니다. 공적인 일이 아니면 저의 집에 찾아온 적이

◆ ◆ ◆

12) 담대멸명(澹臺滅明)은 공자의 제자로 성(姓)은 담대(澹臺)이고 이름은 멸명(滅明)이며, 자(字)는 자우(子羽)이다. 노나라 무성 사람으로 공자보다 49세 연하이다. 《공자가어》에서는 그에 대해 다음과 같이 말했다.

"군자의 자질이 있었다. 공자는 일찍이 그의 용모가 뛰어나 그의 재능을 기대했지만 이를 충족시키지 못했다. 그러나 사람됨이 공정하고 사욕이 없었으며, 취하고 주는 일과 물러나고 나아감에 모두 약속을 지킨 것으로 유명해졌다. 노나라에서 벼슬살이를 하여 대부가 되었다."

없습니다."

子游爲武城宰. 子曰 女得人焉爾乎? 曰 有澹臺滅明者, 行不由徑.
非公事, 未嘗至於偃之室也.
자유위무성재 자왈 여득인언이호 왈 유담대멸명자 행불유경
비공사 미상지어언지실야

◆6-13
공자가 말했다.
"노나라 대부 맹지반(孟之反)[13]은 자신의 공로를 자랑하지 않
았다. 노나라가 제나라와 싸우다가 패배해 후퇴할 때 군대의
뒤를 지켰으며, 성문으로 들어갈 때는 말을 채찍질하며 '내가
감히 뒤를 지키려 한 것이 아니라 말이 나아가지 못했을 뿐이
다'라고 말했다."

◆ ◆ ◆

13) 맹지반(孟之反)은 노나라 대부로 성(姓)은 맹(孟)이고 이름은 자측(子側)이
며, 자(字)는 지반(之反)이다.

子曰 孟之反不伐, 奔而殿. 將入門, 策其馬, 曰 非敢後也, 馬不進也.

자왈 맹지반불벌 분이전 장입문 책기마 왈 비감후야 마부진야

◆6-14

공자가 말했다.

"위나라 대부 축타(祝鮀)[14]의 말재주가 없고 송나라 공자 송조(宋朝)[15]의 아름다움만 지녔다면 오늘날 세상에서 환난을 피하기가 어렵다."

子曰 不有祝鮀之佞 而有宋朝之美, 難乎免於今之世矣!

자왈 불유축타지녕 이유송조지미 난호면이금지세의

◆ ◆ ◆

14) 축타(祝鮀)는 위나라 대부로 이름은 타(鮀)이고 자(字)는 자어(子魚)이다. 축(祝)은 종묘의 제사를 관리하는 축관(祝官)이라는 관직 이름이다. 축타는 위나라 대부로 말재주가 뛰어난 인물이었다.

15) 송조(宋朝)는 송나라의 공자로 이름은 조(朝)이다. 송조는 미남으로 위나라 영공의 부인 남자(南子)가 결혼하기 전부터 내통하던 사이였다. 남자는 결혼한 이후에도 송조를 위나라로 불러들여 대부의 작위를 부여했다.

◆6-15

공자가 말했다.

"누가 밖으로 나갈 때 문을 거치지 않을 수 있겠는가? 그런데 어찌 이 도를 따르지 않는가?"

子曰 誰能出不由戶? 何莫由斯道也?

자왈 수능출불유호 하막유사도야

◆6-16

공자가 말했다.

"바탕이 꾸밈보다 지나치면 투박하고, 꾸밈이 바탕보다 지나치면 허례허식이다. 꾸밈과 바탕이 잘 조화를 이룬 후에야 군자라 할 수 있다."

子曰 質勝文則野, 文勝質則史. 文質彬彬, 然後君子.

자왈 질승문즉야 문승질즉사 문질빈빈 연후군자

◆6-17

공자가 말했다.

"인간의 타고난 모습은 곧다. 곧지 않고도 살아가는 것은 운 좋게 화를 면한 것이다."[16]

子曰 人之生也直, 罔之生也幸而免.

자왈 인지생야직 망지생야행이면

◆6-18

공자가 말했다.

"아는 것은 좋아하는 것만 못하고, 좋아하는 것은 즐기는 것만 못하다."

子曰 知之者不如好之者, 好之者不如樂之者."

자왈 지지자불여호지자 호지자불여락지자

◆ ◆ ◆

16) 이 구절에 대해 마융은 정직한 삶을 살아야 한다는 도덕적 의미로 해석했고, 주희는 생(生)의 이치가 '직(直)'이라고 하여 인간의 본성적인 측면에서 풀이했다.

♦6-19

공자가 말했다.

"중간 이상인 사람에게는 심오한 도를 말할 수 있다. 그러나 중간 이하의 사람에게는 심오한 도를 곧바로 말할 수 없다."

子曰 中人以上, 可以語上也, 中人以下, 不可以語上也.

자왈 중인이상 가이어상야 중인이하 불가이어상야

♦6-20

번지(樊遲)[17]가 지혜에 대해 물었다. 공자가 말했다.

"백성들이 지켜야 할 도리에 힘쓰고, 귀신을 공경하면서도 멀리한다면 지혜롭다[18]고 말할 수 있다."

번지가 인에 대해 물었다. 공자가 말했다.

◆ ◆ ◆

17) 번지(樊遲)는 공자의 제자로 성(姓)은 번(樊)이고 이름은 수(須)이며, 자(字)는 자수(子須)이다.

18) 공자는 자연의 변화와 인간사의 길흉화복을 주재하는 비합리적 존재로서의 귀신을 믿지 않았다. 그리고 인간의 합리성을 강조하는 인문주의를 주장했다. 하지만 당시 사람들은 문화적인 측면에서 귀신에 대한 제사를 행했으므로 그것까지 반대하지는 않았다. 다만 기복신앙적인 제사에 반대한 것이다.

"인(仁)한 사람은 어려운 일을 먼저 처리하고 보답을 뒤로 하니 인하다고 말할 수 있다."

樊遲問知. 子曰 務民之義, 敬鬼神而遠之, 可謂知矣.

問仁. 曰 仁者 先難而後獲, 可謂仁矣.

번지문지 자왈 무민지의 경귀신이원지 가위지의

문인 왈 인자 선난이후획 가위인의

◆6-21

공자가 말했다.

"지혜로운 사람은 물을 좋아하고, 인한 사람은 산을 좋아한다. 지혜로운 사람은 활동적이고, 인한 사람은 정적이다. 지혜로운 사람은 즐길 줄 알고, 인한 사람은 장수한다."

子曰 知者樂水, 仁者樂山. 知者動, 仁者靜. 知者樂, 仁者壽.

자왈 지자요수 인자요산 지자동 인자정 지자락 인자수

◆6-22

공자가 말했다.

"제나라가 한 번 변하면 노나라에 이르고, 노나라가 한 번 변하면 도에 이른다."[19]

子曰 齊一變, 至於魯. 魯一變, 至於道.

자왈 제일변 지어노 노일변 지어도

◆6-23

공자가 말했다.

"모난 그릇이 모나지 않으면, 모난 그릇이라 하겠는가! 모난 그릇이라 하겠는가!"

子曰 觚不觚, 觚哉! 觚哉!

자왈 고불고 고재 고재

◆ ◆ ◆

19) 공리를 강조하는 제나라가 변하면 사회를 잘 유지시키기 위한 기본인 예악 제도가 있는 노나라와 같이 되고, 노나라가 변하면 이상적인 국가에 이르게 된다는 말이다.

◆6-24

재아(宰我)²⁰⁾가 물었다.

"인한 사람은 '우물에 사람이 빠졌다'고 말하면 우물로 들어가 사람을 구합니까?"

공자가 말했다.

"어찌 그렇게 하겠는가? 군자는 우물에 가게 할 수는 있지만 우물에 빠지게 할 수는 없다. 그럴 듯한 말로 속일 수는 있지만 이치에 맞지 않는 말로 속일 수는 없다."

宰我問曰 仁者, 雖告之曰 井有仁焉. 其從之也? 子曰 何爲其然也?

君子 可逝也, 不可陷也. 可欺也, 不可罔也.

재아문왈 인자 수고지왈정유인언 기종지야 자왈 하위기연야

군자 가서야 불가함야 가기야 불가망야

◆ ◆ ◆

20) 재아(宰我)는 노나라 사람으로 성(姓)은 재(宰)이고 이름은 여(予)이며, 자(字)는 자아(子我)이다. 재아는 공자의 제자 중에 말재주가 좋은 것으로 유명했다.

◆6-25

공자가 말했다.

"군자는 학문을 넓게 배우고, 예로써 요약하면 또한 어긋남
이 없을 것이다."

子曰 君子博學於文, 約之以禮, 亦可以弗畔矣夫!
자왈 군자박학어문 약지이례 역가이불반의부

◆6-26

공자가 위나라 왕후 남자(南子)²¹⁾를 만났다. 자로가 기뻐하지
않았다. 공자가 맹세하며 말했다.

"내가 부정한 짓을 했다면 하늘이 나를 버릴 것이다, 하늘
이 나를 버릴 것이다!"

子見南子, 子路不說. 夫子矢之曰 予所否者, 天厭之! 天厭之!
자견남자 자로불열 부자시지왈 여소부자 천염지 천염지

◆ ◆ ◆

21) 남자(南子)는 위나라 영공의 부인이다. 당시 사람들은 남자가 행실이 좋지 않
다고 비판했다. 공자는 56세쯤에 위나라 영공과 접촉하기 위해 남자와 만났다.

◆6-27

공자가 말했다.

"중용의 덕은 지극하다. 중용을 실천하는 백성이 적어진 지 오래되었다."

子曰 中庸之爲德也, 其至矣乎! 民鮮久矣.
자왈 중용지위덕야 기지의호 민선구의

◆6-28

자공이 말했다.

"만약 백성들에게 널리 베풀어 많은 사람을 구제할 수 있다면 어떻습니까? 인하다고 할 수 있습니까?"

공자가 말했다.

"어찌 인(仁)하다고만 하겠는가? 반드시 성인이라 할 것이다. 요임금과 순임금도 오히려 어렵게 여기셨다. 인한 사람은 자기가 서고자 하면 남도 서게 하고, 자기가 달성하고자 하면 남도 달성하게 한다. 가까이 나에게서 취해 다른 사람을 이해할 수 있다면, 그것이 바로 인을 실천하는 방법이라 할 만하다."

子貢曰 如有博施於民 而能濟衆, 何如? 可謂仁乎?

子曰 何事於仁, 必也聖乎! 堯舜其猶病諸! 夫仁者,

己欲立而立人, 己欲達而達人. 能近取譬, 可謂仁之方也已.

자공왈 여유박시어민 이능제중 하여 가위인호

자왈 하사어인 필야성호 요순기유병저 부인자

기욕립이립인 기욕달이달인 능근취비 가위인지방야이

제 7 편

술이 述而

◆ 7-1

공자가 말했다.

"나는 서술하여 전해줄 뿐 새롭게 창작하지 않고 옛것을 믿고 좋아하여, 살며시 나를 은나라 현인 노팽(老彭)[1]에 견주어 본다."

子曰 述而不作, 信而好古, 竊比於我老彭.
자왈 술이부작 신이호고 절비어아노팽

◆ 7-2

공자가 말했다.

"묵묵히 알아가고, 배우고 싫어하지 않으며, 사람 가르치는 일을 게을리하지 않으니, 나에게 어떤 어려움이 있겠는가?"

子曰 黙而識之, 學而不厭, 誨人不倦, 何有於我哉?
자왈 묵이식지 학이불염 회인불권 하유어아재

◆ ◆ ◆

1) 노팽(老彭)은 은나라의 현명한 대부로 모범이 되는 과거의 일을 기록하는 것을 좋아했다. 공자는 노팽과 같은 사람이 되기를 바라고 있다.

◆ 7-3

공자가 말했다.

"덕을 잘 닦지 못하는 것, 배운 것을 잘 강학하지 못하는 것, 의로운 것을 듣고도 실천하지 못하는 것, 선하지 못함을 고치지 못하는 것, 이것이 나의 걱정이다."

子曰 德之不脩, 學之不講, 聞義不能徙, 不善不能改, 是吾憂也.
자왈 덕지불수 학지불강 문의불능사 불선불능개 시오우야

◆ 7-4

공자는 한가로이 집에 있을 때 날개를 펼친 듯하고, 얼굴엔 화색이 도는 듯했다.

子之燕居, 申申如也, 夭夭如也.
자지연거 신신여야 요요여야

◆ 7-5

공자가 말했다.

"심하구나, 나의 노쇠함이여! 오래되었구나, 꿈에서 주공(周公)[2]을 다시 뵙지 못한 지가!"

子曰 甚矣吾衰也! 久矣 吾不復夢見周公.

자왈 심의오쇠야 구의 오불부몽견주공

◆ 7-6

공자가 말했다.

"도에 뜻을 두고 덕을 굳게 지키며 인간다움을 따르고 예(藝)에서 노닌다."[3]

◆ ◆ ◆

2) 주공(周公)은 주나라 문왕의 아들이자 무왕의 동생으로 성(姓)은 희(姬)이고 이름은 단(旦)이다. 무왕을 도와 은나라를 멸망시키고 주나라를 건설했으며, 주나라의 문물제도를 확립하는 데 많은 공헌을 했다. 주공은 공자가 가장 이상적인 인물로 삼은 사람이다. 공자는 이 구절에서 자신이 나이가 들어 더 이상 주공이 꿈속에서 나타나지 않음을 한탄하고 있다.

3) 도(道)는 인간이 지향해야 할 길 또는 원리이고, 덕(德)은 그 도를 자신의 몸에 내면화시키는 것이며, 인(仁)은 내면화된 덕의 실질을 표현하는 것이고, 예(藝)는 인(仁)을 삶 속에서 매 순간 발현시키는 것이다.

子曰 志於道, 據於德, 依於仁, 游於藝.

자왈 지어도 거어덕 의어인 유어예

◆ 7-7

공자가 말했다.

"한 다발의 육포라도 가지고 와서 예를 갖추면 나는 가르쳐
주지 않은 사람이 없었다."

子曰 自行束脩以上, 吾未嘗無誨焉.

자왈 자행속수이상 오미상무회언

◆ 7-8

공자가 말했다.

"분발하지 않으면 계발시켜주지 않고, 표현하려고 애쓰지 않
으면 설명해주지 않고, 한쪽 모서리를 말해주었는데 나머지
세 모서리를 추론해내지 못하면 다시 가르쳐주지 않는다."

子曰 不憤不啓, 不悱不發, 擧一隅不以三隅反, 則不復也.

◆ 7-9

공자는 상(喪)을 당한 사람 옆에서 밥을 먹을 때는 배불리 먹은 적이 없었다. 공자는 조문 가서 곡을 한 날에는 노래를 부르지 않았다.

子食於有喪者之側, 未嘗飽也. 子於是日哭, 則不歌.

자식어유상자지측 미상포야 자어시일곡 즉불가

◆ 7-10

공자가 안연에게 말했다.

"등용되면 도를 실천하고 버려지면 은둔하는 것은 오직 나와 너만 이렇게 할 수 있을 것이다."

자로가 말했다.

"선생님께서 삼군을 통솔한다면 누구와 함께하시겠습니까?"

공자가 말했다.

"맨손으로 호랑이를 잡고 맨몸으로 큰 강을 건너려고 하다가 죽어도 후회하지 않는 사람과는 함께하지 않을 것이다. 반드시 일에 임해 두려워하고 계획을 잘 세워 일을 완성하는 사람과 함께할 것이다."

子謂顔淵曰 用之則行, 舍之則藏, 唯我與爾有是夫!
子路曰 子行三軍, 則誰與? 子曰 暴虎馮河, 死而無悔者,
吾不與也. 必也臨事而懼, 好謀而成者也.
자위안연왈 용지즉행 사지즉장 유아여이유시부
자로왈 자행삼군 즉수여 자왈 포호빙하 사이무회자
오불여야 필야임사이구 호모이성자야

◆ 7-11
공자가 말했다.
"부가 구해서 얻어질 수 있는 것이라면 비록 수레를 모는 천한 일이라도 나는 할 것이다. 만약 구해서 얻을 수 없는 것이라면 내가 좋아하는 일을 따를 것이다."

子曰 富而可求也, 雖執鞭之士, 吾亦爲之. 如不可求, 從吾所好.

◆ 7-12

공자가 신중히 대한 일은 재계, 전쟁, 질병이었다.

子之所愼, 齊, 戰, 疾.

자지소신 재 전 질

◆ 7-13

공자가 제나라에 있을 때 순임금의 소(韶) 음악을 듣고, 3개
월 동안 고기 맛을 잊어버렸다. 공자가 말했다.

"음악이 이런 경지에 이르렀을 줄은 생각하지 못했다."

子在齊聞韶, 三月不知肉味. 曰 不圖爲樂之至於斯也!

자재제문소 삼월부지육미 왈 부도위악지지어사야

◆ 7-14

염유가 말했다.

"선생님께서는 위나라 출공(出公) 첩(輒)을 도우실까?"

자공이 말했다.

"글쎄, 내가 여쭈어보겠다."

자공이 들어가서 물었다.

"백이와 숙제는 어떤 사람입니까?"

공자가 대답했다.

"옛날의 현인이다."

자공이 물었다.

"그들은 원망한 적이 있습니까?"

공자가 말했다.

"인을 구하다가 인을 얻었으니 또 무엇을 원망하겠는가?"

자공이 나와서 말했다.

"선생님께서는 돕지 않으실 것이다."[4]

冉有曰 夫子爲衛君乎? 子貢曰 諾. 吾將問之.

入曰 伯夷叔齊何人也? 曰 古之賢人也.

曰 怨乎? 曰 求仁而得仁, 又何怨. 出曰 夫子不爲也.

염유왈 부자위위군호 자공왈 낙 오장문지

입왈 백이숙제하인야 왈 고지현인야

왈 원호 왈 구인이득인 우하원 출왈 부자불위야

◆ 7-15

공자가 말했다.

"거친 밥을 먹고 물을 마시며 팔을 굽혀 베개를 삼더라도 즐거움이 또한 그 가운데 있다. 의롭지 못한 부귀는 나에게 뜬구름 같을 뿐이다."

子曰 飯疏食飲水, 曲肱而枕之, 樂亦在其中矣.

不義而富且貴, 於我如浮雲.

자왈 반소사음수 곡굉이침지 낙역재기중의

불의이부차귀 어아여부운

◆ ◆ ◆

4) 이 구절은 위나라 영공(靈公)의 손자로서 위나라 왕이 된 첩(輒)과 망명 중인 첩의 아버지 괴외(蒯聵)의 왕위를 둘러싼 다툼에서 제자들이 위나라 왕을 도울 것인지 공자에게 묻는 내용이다. 형제 사이인 백이와 숙제는 서로 왕위를 양보함으로써 도덕적으로 모범이 되었는데, 부자지간인 괴외와 첩은 서로 왕위를 차지하려고 쟁탈전을 벌이고 있으므로 둘 다 도덕적 정당성이 없었다. 이런 이유로 자공은 공자가 위나라 왕을 돕지 않을 것이라고 생각했다.

◆ 7-16

공자가 말했다.

"내 나이에 몇 년을 더하면 오십이 되는데 《역》을 배운다면
큰 허물은 없을 것이다."

子曰 加我數年, 五十以學易, 可以無大過矣.

자왈 가아수년 오십이학역 가이무대과의

◆ 7-17

공자가 평상시에 말한 것은 《시경》, 《서경》, 예를 지키는 것
으로, 모두 평상시에 늘 말했던 것이다.[5]

子所雅言, 詩書執禮, 皆雅言也.

자소아언 시서집례 개아언야

◆ ◆ ◆

5) 《시경》은 중국 고대의 노래 가사를 모은 책으로 민중의 노래를 담은 풍(風),
귀족들의 노래를 담은 아(雅), 제례 의식 때 사용하는 노래를 담은 송(頌)으로 이
루어져 있다. 《서경》은 중국 상고 시대의 정치를 기록한 책이다. 공자는 평소에
이러한 책을 자주 읽었다.

◆ 7-18

초나라 대부 섭공(葉公)⁶⁾이 자로에게 공자에 대해 물었다. 자로가 대답하지 않았다. 공자는 자로에게 말했다.

"너는 어째서 그 사람됨이 분발하면 먹는 것도 잊어버리고, 도를 즐거워하고 근심을 잊어, 늙음이 다가오는 것도 알지 못한다고 말하지 않았느냐?"

葉公問孔子於子路, 子路不對.

子曰 女奚不曰, 其爲人也, 發憤忘食, 樂以忘憂, 不知老之將至云爾.

섭공문공자어자로 자로부대

자왈 여해불왈 기위인야 발분망식 낙이망우 부지노지장지운이

◆ 7-19

공자가 말했다.

"나는 태어나면서부터 아는 사람이 아니고, 옛 것을 좋아해서 민첩하게 그것을 구하는 사람이다."

◆ ◆ ◆

6) 섭공(葉公)은 초나라 섭현(葉縣)의 수장으로 성(姓)은 심(沈)이고 이름은 제량(諸梁)이며, 자(字)는 자고(子高)이다.

子曰 我非生而知之者, 好古, 敏以求之者也.

자왈 아비생이지지자 호고 민이구지자야

◆ 7-20

공자는 괴이한 것, 무력으로 하는 것, 어지럽히는 것, 귀신에 대해서는 말하지 않았다.

子不語 怪力亂神.

자불어 괴력란신

◆ 7-21

공자가 말했다.

"세 사람이 길을 가면 반드시 그중에 나의 스승이 있다. 선한 사람을 택하여 따르고 선하지 못한 사람을 귀감 삼아 고친다."

子曰 三人行, 必有我師焉. 擇其善者而從之, 其不善者而改之.

자왈 삼인행 필유아사언 택기선자이종지 기불선자이개지

◆ 7-22

공자가 말했다.

"하늘이 나에게 덕을 내려주었으니 환퇴[7]가 나를 어떻게 하겠는가?"

子曰 天生德於予, 桓魋其如予何?

자왈 천생덕어여 환퇴기여여하

◆ 7-23

공자가 말했다.

"너희는 내가 숨기는 것이 있다고 생각하느냐? 나는 너희에게 숨기는 것이 없다. 내가 무엇을 하든 너희와 함께하지 않은 적이 없다. 이것이 바로 나다."

◆ ◆ ◆

7) 환퇴(桓魋)는 송나라 향퇴(向魋)로 군대를 통솔하는 사마(司馬) 벼슬을 하던 인물이다. 《사기》〈공자세가〉에는 공자가 송나라에 갔을 때, 큰 나무 밑에서 제자들에게 예를 가르치고 있는데, 환퇴가 공자를 죽이려고 그 나무를 쓰러뜨렸다고 기록되어 있다. 당시에 제자들이 공자에게 빨리 피할 것을 권했는데, 공자는 피하는 대신 위와 같은 말을 했다고 한다.

子曰 二三子 以我爲隱乎? 吾無隱乎爾.

吾無行而不與二三子者, 是丘也.

자왈 이삼자 이아위은호 오무은호이

오무행이불여이삼자자 시구야

◆ 7-24

공자는 네 가지를 가르쳤으니 학문, 덕행, 충, 신뢰였다.

子以四敎. 文, 行, 忠, 信.

자이사교 문 행 충 신

◆ 7-25

공자가 말했다.

"내가 성인을 만나볼 수가 없으니 군자라도 만나볼 수 있으면 괜찮다."

공자가 말했다.

"선한 사람을 만나볼 수가 없으니 한결 같은 마음이 있는 사람이라도 만나볼 수 있으면 괜찮다. 없으면서 있는 것처럼 하

고, 비어 있으면서 차 있는 것처럼 하고, 적으면서 많은 것처럼
하면, 한결같은 마음을 가지고 있기가 어렵다."

子曰 聖人, 吾不得而見之矣. 得見君子者, 斯可矣.

子曰 善人, 吾不得而見之矣. 得見有恒者, 斯可矣.

亡而爲有, 虛而爲盈, 約而爲泰, 難乎有恒矣.

자왈 성인 오부득이견지의 득견군자자 사가의

자왈 선인 오부득이견지의 득견유항자 사가의

망이위유 허이위영 약이위태 난호유항의

◆ 7-26

공자는 낚시는 했지만 그물질은 하지 않았다. 주살로 새를
잡기는 했지만 잠자는 새를 쏘지는 않았다.[8]

◆ ◆ ◆

8) 공자는 물고기를 잡을 때 낚시질을 하여 한 마리씩 잡고, 그물을 이용해 많은
물고기를 한꺼번에 잡지 않았다. 또한 새를 잡을 때 줄이 달린 주살을 사용하기
는 했지만, 새가 잠든 틈을 이용하지 않았다. 다시 말하자면 물고기를 낚더라도
자신이 먹을 것만 잡고, 부정한 방법으로 새를 잡지 않았다. 생명을 유지하기 위
해 짐승을 잡았을 뿐 도망갈 수 있는 여지를 남겨둔 것이다. 공자가 인(仁)을 실천
하는 방법은 이러했다.

子釣而不綱, 弋不射宿.

자조이불강 익불사숙

◆ 7-27

공자가 말했다.

"잘 알지 못하면서 창작하는 사람이 있는데 나는 그러지 않는다. 많이 듣고 좋은 것을 택하여 따르고, 많이 보고 알아가는 것은 앎의 바른 순서이다."

子曰 蓋有不知而作之者, 我無是也. 多聞擇其善者而從之,

多見而識之, 知之次也.

자왈 개유부지이작지자 아무시야 다문택기선자이종지

다견이식지 지지차야

◆ 7-28

호향(互鄕) 지방 사람들은 거칠어서 함께 말하기 어려운데, 그 지방의 아이가 공자를 뵙고자 하자 제자들이 당황했다. 공자가 말했다.

"찾아오면 함께하고 떠나가면 함께하지 않는다. 어찌 심하게 대하겠는가? 사람이 자기를 청결히 하고서 찾아오면 그 깨끗함을 받아들이고, 지난 일은 묻지 않아야 한다."

互鄕難與言, 童子見, 門人惑. 子曰 與其進也, 不與其退也,
唯何甚! 人潔己以進, 與其潔也, 不保其往也.
호향난여언 동자현 문인혹 자왈 여기진야 불여기퇴야
유하심 인결기이진 여기결야 불보기왕야

◆7-29
공자가 말했다.
"인이 멀리에 있는가? 내가 인을 실천하고자 하면 인에 이른다."

子曰 仁遠乎哉? 我欲仁, 斯仁至矣.
자왈 인원호재 아욕인 사인지의

◆ 7-30

진나라 사패(司敗)[9] 벼슬에 있는 사람이 노나라 소공이 예를 아는지 물었다. 공자가 말했다.

"예를 아셨습니다."

공자가 물러나자 사패는 무마기(巫馬期)[10]에게 다가와 읍하여 말했다.

"나는 군자는 편당하지 않는다고 들었는데, 군자도 편당을 합니까? 노나라 임금 소공은 오나라 여자를 부인으로 맞아 성(姓)이 같으니, 오맹자(吳孟子)라고 불렀습니다. 이런 임금이 예를 안다면 누가 예를 알지 못한다 하겠습니까?"

무마기가 사패의 말을 공자에게 전했다. 공자가 말했다.

"나는 참 다행이다. 만약 잘못이 있으면 반드시 사람들이 그것을 알아차린다."

陳司敗問昭公知禮乎? 孔子曰 知禮. 孔子退, 揖巫馬期而進之,

曰 吾聞君子不黨, 君子亦黨乎? 君取於吳爲同姓,

◆ ◆ ◆

9) 사패(司敗)는 법을 관장하는 관리를 말한다.
10) 무마기(巫馬期)는 공자의 제자로 성(姓)은 무마(巫馬)이고 이름은 시(施)이며, 자(字)는 기(期)이다.

謂之吳孟子. 君而知禮, 孰不知禮? 巫馬期以告.

子曰 丘也幸, 苟有過, 人必知之.

진사패문소공지례호 공자왈 지례 공자퇴 읍무마기이진지

왈 오문군자부당 군자역당호 군취어오위동성

위지오맹자 군이지례 숙부지례 무마기이고

자왈 구야행 구유과 인필지지

◆ 7-31

공자는 사람들과 함께 노래를 부르다 잘 부르면 반드시 반
복하게 한 후에 화답하여 불렀다.

子與人歌而善, 必使反之, 而後和之.

자여인가이선 필사반지 이후화지

◆ 7-32

공자가 말했다.

"학문은 내가 다른 사람만 같지 못하구나! 군자의 덕을 몸
소 실천하는 일에서는 내가 아직 터득하지 못한 것이 있다."

子曰 文, 莫吾猶人也. 躬行君子, 則吾未之有得.

자왈 문 막오유인야 궁행군자 즉오미지유득

◆ 7-33

공자가 말했다.

"성(聖)과 인(仁)은 내가 어찌 감당할 수 있겠는가? 그러나 배우는 것을 싫증내지 않고, 사람을 가르치는 것을 게을리하지 않는다고는 말할 수 있다."

공서화가 말했다.

"바로 그것이 저희 제자들이 해낼 수 없는 점입니다."

子曰 若聖與仁, 則吾豈敢? 抑爲之不厭, 誨人不倦,
則可謂云爾已矣. 公西華曰 正唯弟子不能學也.

자왈 약성여인 즉오기감 억위지불염 회인불권

즉가위운이이의 공서화왈 정유제자불능학야

◆ 7-34

공자의 병이 깊어지자 자로가 기도할 것을 청했다. 공자가
말했다.

"아프다고 기도하는 경우가 있느냐?"

자로가 대답했다.

"있습니다. 명복을 비는 뇌문(誄文)[11]에 '당신을 위해 하늘과
땅의 신에게 기도한다'고 했습니다."

공자가 말했다.

"나는 기도하고 살아온 지 오래되었다."[12]

子疾病, 子路請禱. 子曰 有諸? 子路對曰 有之.

誄曰 禱爾于上下神祇. 子曰 丘之禱久矣.

자질병 자로청도 자왈 유저 자로대왈 유지

뇌왈 도이우상하신기 자왈 구지도구의

◆ ◆ ◆

11) 뇌문(誄文)은 죽은 사람을 추모하고 명복을 비는 기도문이다.

12) 자로는 인간의 병을 낫게 해주는 초월적인 존재로서의 신에게 기도하라고 공
자에게 말했다. 공자는 초월적 존재로서의 신이나 귀신의 존재를 부정했다. 하지
만 매일 대하는 하늘과 땅에 대해서는 공경하는 마음을 가지고 있었다. 공자에게
'하늘과 땅의 신에게 기도한다'는 것은 하늘과 땅에 대해 공경하는 마음을 가지
고 있음을 의미한다. 그러므로 '나는 기도하고 살아온 지 오래되었다'고 말한 것
이다.

◆ 7-35

공자가 말했다.

"사치하면 불손하고 검소하면 고루하다. 불손하기보다는 차라리 고루한 것이 낫다."

子曰 奢則不孫, 儉則固. 與其不孫也, 寧固.

자왈 사즉불손 검즉고 여기불손야 영고

◆ 7-36

공자가 말했다.

"군사는 마음이 평탄하고 넓지만 소인은 항상 걱정한다."

子曰 君子坦蕩蕩, 小人長戚戚.

자왈 군자탄탕탕 소인장척척

◆7-37

공자는 온화하면서도 엄격하시고, 위엄이 있으면서도 난폭
하지 않으시며, 공손하면서도 편안하셨다.

子溫而厲, 威而不猛, 恭而安.

자온이려 위이불맹 공이안

◆8-1

공자가 말했다.

"태백(泰伯)¹⁾은 덕이 지극하다고 말할 만하다. 동생에게 세 번 천하를 양보했지만 드러나지 않게 하여 백성들이 그의 덕을 칭송할 수 없게 했다."

子曰 泰伯, 其可謂至德也已矣! 三以天下讓, 民無得而稱焉.

자왈 태백 기가위지덕야이의 삼이천하양 민무득이칭언

◆8-2

공자가 말했다.

"공손하지만 예가 없으면 헛수고만 하고, 신중하지만 예가 없으면 두려워하게 되고, 용감하지만 예가 없으면 혼란하게

◆ ◆ ◆

1) 태백(泰伯)은 주나라 태왕의 큰 아들로 주나라 창업 초기의 현인이다. 주나라의 선조들이 은나라 치하에 있을 때 태왕에게는 세 아들이 있었는데 첫째는 태백, 둘째는 중옹(仲雍), 셋째는 계력(季歷)이었다. 태왕이 셋째 계력의 아들 창(昌)에게 왕위를 물려주려고 한다는 것을 알아채고 태백은 중옹과 함께 남쪽 오월(吳越) 지역으로 도망가 셋째 계력이 왕위를 물려받을 수 있게 했다. 그 후 계력의 아들 창(昌)이 문왕이 되었고, 그의 아들 무왕이 은나라를 멸하고 주나라를 세웠다.

되고, 정직하지만 예가 없으면 사납게 된다. 군자가 가까운 사람과 돈독하게 지내면 백성이 인한 풍속을 일으키고, 오래된 친구를 버리지 않으면 백성들이 각박해지지 않는다."

子曰 恭而無禮則勞, 愼而無禮則葸, 勇而無禮則亂,

直而無禮則絞. 君子篤於親, 則民興於仁 故舊不遺, 則民不偸.

자왈 공이무례즉로 신이무례즉사 용이무례즉란

직이무례즉교 군자독어친 즉민흥어인 고구불유 즉민불투

◆8-3

증자가 병이 위중해지자 제자들을 불러 말했다.

"이불을 걷어 내 발을 보아라! 이불을 걷어 내 손을 보아라! 《시경》에서 '두려워하고 조심하여 깊은 연못에 다가간 듯하고, 얇은 얼음을 밟듯이 하라'고 했다. 지금 이 순간 이후에 나는 몸을 온전히 지켜야 하는 근심에서 벗어날 수 있게 되었구나, 제자들아!"

曾子有疾, 召門弟子曰 啓予足! 啓予手! 詩云 戰戰兢兢,

如臨深淵, 如履薄氷. 而今而後, 吾知免夫! 小子!

◆8-4

증자가 병이 위중하여 맹경자(孟敬子)[2]가 병문안을 왔다. 증
자가 말했다.

"새가 죽으려 하면 그 울음소리가 슬프고, 사람이 죽으려 하
면 그 말이 선합니다. 군자가 귀하게 여기는 도가 세 가지 있
습니다. 몸을 움직일 때는 난폭함과 태만함을 멀리해야 합니
다. 얼굴빛을 바르게 할 때는 성실함에 가깝게 해야 합니다.
말을 할 때는 비루함과 도리에 어긋남을 멀리해야 합니다. 제
기(祭器)를 다루는 일은 유사(有司, 제사 담당자)에게 맡기면 됩
니다."

曾子有疾, 孟敬子問之. 曾子言曰 鳥之將死, 其鳴也哀.

人之將死, 其言也善. 君子所貴乎道者三. 動容貌,

◆ ◆ ◆

2) 맹경자(孟敬子)는 노나라 대부 맹무백(孟武伯)의 아들로 이름은 첩(捷)이고 자
(字)는 의(儀)이며, 경자(敬子)는 추증된 명칭이다.

斯遠暴慢矣. 正顔色, 斯近信矣. 出辭氣, 斯遠鄙倍矣.

籩豆之事, 則有司存.

증자유질 맹경자문지 증자언왈 조지장사 기명야애

인지장사 기언야선 군자소귀호도자삼 동용모

사원포만의 정안색 사근신의 출사기 사원비배의

변두지사 즉유사존

◆8-5

증자가 말했다.

"능력이 있으면서도 능력이 부족한 사람에게 묻고, 많이 알고 있으면서도 아는 것이 적은 사람에게 묻는다. 있으면서도 없는 것처럼 하고, 가득 차 있으면서도 텅 빈 것처럼 하고, 자신에게 잘못을 범해도 따지지 않는다. 옛날에 나의 친구가 일찍이 이를 실천했다."

曾子曰 以能問於不能, 以多問於寡. 有若無, 實若虛, 犯而不校.

昔者吾友嘗從事於斯矣.

증자왈 이능문어불능 이다문어과 유약무 실약허 범이불교

석자오우상종사어사의

◆8-6

증자가 말했다.

"어린 임금을 맡길 만하고, 사방으로 백 리 되는 제후국의 운명을 맡길 만하며, 생사존망의 큰 위기에 처해도 절개를 빼앗을 수 없다면 군자다운 사람인가? 군자다운 사람이다."

曾子曰 可以託六尺之孤, 可以寄百里之命, 臨大節而不可奪也.
君子人與? 君子人也.

증자왈 가이탁육척지고 가이기백리지명 임대절이불가탈야

군자인여 군자인야

◆8-7

증자가 말했다.

"선비는 넓고 강인하지 않을 수 없으니 임무가 막중하고 갈 길이 멀기 때문이다. 인을 자신의 임무로 삼으니 또한 막중하지 않겠는가? 죽은 후에야 멈추는 것이니 또한 갈 길이 멀지 않겠는가?"

曾子曰 士不可以不弘毅, 任重而道遠. 仁以爲己任, 不亦重乎?

死而後已, 不亦遠乎?

증자왈 사불가이불홍의 임중이도원 인이위기임 불역중호

사이후이 불역원호

◆8-8

공자가 말했다.

"배우는 사람은 시(詩)에서 감정을 일으키고, 예(禮)에서 원칙을 세우며, 악(樂)에서 덕을 완성시킨다."

子曰 興於詩, 立於禮, 成於樂.

자왈 흥어시 입어례 성어악

◆8-9

공자가 말했다.

"백성은 따르게 할 수는 있지만 알게 할 수는 없다."

子曰 民可使由之, 不可使知之.

자왈 민가사유지 불가사지지

◆8-10

공자가 말했다.

"용맹함을 좋아하면서 가난을 싫어하면 난을 일으킨다. 사람이 인하지 못하다고 해서 지나치게 미워하면 미움 받은 사람이 난을 일으킨다."

子曰 好勇疾貧, 亂也. 人而不仁, 疾之已甚, 亂也.

자왈 호용질빈 난야 인이불인 질지이심 난야

◆8-11

공자가 말했다.

"주공과 같은 아름다운 자질을 가지고 있더라도 교만하고 인색하면 그 나머지는 더 볼 것이 없다."

子曰 如有周公之才之美, 使驕且吝, 其餘不足觀也已.

자왈 여유주공지재지미 사교차린 기여부족관야이

◆8-12

공자가 말했다.

"3년을 배우고도 벼슬에 뜻을 두지 않는 자를 얻기가 쉽지 않다."

子曰 三年學, 不至於穀, 不易得也.
자왈 삼년학 부지어곡 불이득야

◆8-13

공자가 말했다.

"돈독하게 믿으면서 배우기를 좋아하고, 죽음을 무릅쓰고 도를 잘 실천한다. 위태로운 나라에 들어가지 않고 어지러운 나라에 살지 않는다. 천하에 도가 있으면 자신을 드러내어 벼슬을 하고, 도가 없으면 숨어 지낸다. 나라에 도가 있으면 가난하고 천한 것이 치욕이고, 나라가 도가 없으면 부유하고 귀한 것이 치욕이다."

子曰 篤信好學, 守死善道. 危邦不入, 亂邦不居.

天下有道則見, 無道則隱. 邦有道, 貧且賤焉, 恥也 邦無道,富且貴焉, 恥也.

자왈 독신호학 수사선도 위방불입 난방불거

천하유도즉현 무도즉은 방유도 빈차천언 치야 방무도

부차귀언 치야

◆ 8-14

공자가 말했다.

"그 자리에 있지 않으면 정사에 대해 논하지 않아야 한다."

子曰 不在其位, 不謀其政.

자왈 부재기위 불모기정

◆ 8-15

공자가 말했다.

"노나라 악관(樂官)인 지(摯)가 연주하기 시작한 〈관저(關雎)〉
의 끝부분이 넘쳐흐르듯 귀에 가득하구나!"[3]

子曰 師摯之始, 關雎之亂, 洋洋乎! 盈耳哉.

◆ 8-16

공자가 말했다.

"열정적이지만 정직하지 못하고 알지 못하면서 삼가지 못하고, 무능하면서 신뢰가 없으면 그런 사람을 어떻게 해야 할지 나는 알지 못한다."

子曰 狂而不直, 侗而不愿, 悾悾而不信, 吾不知之矣.
자왈 광이부직 동이불원 공공이불신 오부지지의

◆ 8-17

공자가 말했다.

"배우는 일은 미치지 못할 것 같이 하고 배운 것을 잃을까 두려워해야 한다."

◆ ◆ ◆

3) 주희는 '시(始)'를 벼슬을 시작한 초기의 의미로 해석했고, 양백준은 음악 연주의 시작으로 해석했다.

子曰 學如不及, 猶恐失之.

자왈 학여불급 유공실지

◆8-18

공자가 말했다.

"위대하구나! 순임금과 우임금은 왕이 되어 천하를 소유하고도 인위적으로 간섭하지 않았다."

子曰 巍巍乎! 舜禹之有天下也, 而不與焉.

자왈 외외호 순우지유천하야 이불여언

◆8-19

공자가 말했다.

"위대하구나, 요임금의 임금 됨이여! 높고 높구나! 오직 하늘만이 위대한데 요임금만이 하늘을 본받았구나. 넓고 넓구나! 백성들이 말로 표현할 수 없도다. 높고 높구나! 그가 이룩한 공적이여. 찬란하구나, 그 문물제도여!"

子曰 大哉堯之爲君也! 巍巍乎! 唯天爲大, 唯堯則之.

蕩蕩乎! 民無能名焉. 巍巍乎! 其有成功也 煥乎, 其有文章!

자왈 대재요지위군야 외외호 유천위대 유요칙지

탕탕호 민무능명언 외외호 기유성공야 환호 기유문장

◆8-20

순임금은 신하 다섯 명이 있어서 천하를 잘 다스렸다. 무왕
(武王)이 말했다.

"나에게 잘 다스리는 신하가 열 명이 있다."

공자가 말했다.

"인재를 얻기가 어렵다고 하는데 정말 그렇지 않은가? 요임
금의 당나라에서 순임금의 우나라로 바뀌는 시기부터 주나라
까지 인재가 많았는데, 그중 부인이 한 명 있으니 남자는 아홉
명뿐이다. 주나라는 천하의 3분의 2를 차지하고도 은나라를
섬겼으니, 주나라의 덕이 지극하다고 말할 만하다."[4]

舜有臣五人而天下治. 武王曰 予有亂臣十人.

孔子曰 才難, 不其然乎? 唐虞之際, 於斯爲盛. 有婦人焉, 九人而已.

三分天下有其二, 以服事殷. 周之德, 其可謂至德也已矣.

순유신오인이천하치 무왕왈 여유란신십인

공자왈 재난 불기연호 당우지제 어사위성 유부인언 구인이이

삼분천하유기이 이복사은 주지덕 기가위지덕야이의

♦8-21

공자가 말했다.

"우임금은 내가 흠잡을 데가 없다. 먹고 마시는 것은 간소했지만 제사에는 정성을 다하셨다. 평소 의복은 소박하게 입었지만 제사 지낼 때 입는 제복(祭服)은 지극히 아름답게 하셨다. 집은 검소하게 지었지만 밭의 도랑을 만드는 데는 힘을 다하셨다. 우임금은 내가 흠잡을 데가 없다."

♦ ♦ ♦

4) 이 구절은 명확하게 이해되지 않지만 전체적인 문맥으로 보면, 인재를 얻기가 어렵지만 주나라가 고대의 왕인 순임금이 다섯 명의 현명한 신하로 천하를 잘 다스렸던 것과 달리 열 명이나 되는 훌륭한 신하를 두고 천하를 평화롭게 다스렸다는 뜻이다. 주나라에는 순임금의 치세 때보다 훌륭한 인재가 많았고, 천하의 3분의 2를 차지하고도 은나라를 섬겼으니, 그 덕이 지극하다는 말이다. 주나라의 덕이 큰 이유는 바로 열 명의 신하 때문이다.

子曰 禹, 吾無間然矣. 菲飮食, 而致孝乎鬼神, 惡衣服,

而致美乎黻冕, 卑宮室, 而盡力乎溝洫. 禹, 吾無間然矣.

자왈 우 오무간연의 비음식 이치효호귀신 악의복

이치미호불면 비궁실 이진력호구혁 우 오무간연의

◆ 9-1

공자는 이익과 천명과 인에 대해서는 드물게 말했다.

子罕言利與命與仁.

자한언리여명여인

◆ 9-2

달항(達巷) 마을 사람이 말했다.

"위대하구나, 공자여! 폭넓게 배우기는 했지만 한 분야에서 명성을 얻은 것이 없구나."

공자가 그 말을 듣고서 제자들에게 말했다.

"내가 무엇을 전문으로 해야 할까? 수레 모는 것을 전문으로 할까? 활 쏘는 것을 전문으로 할까? 나는 수레 모는 것을 해야겠구나."

達巷黨人曰 大哉孔子! 博學而無所成名.

子聞之, 謂門弟子曰 吾何執? 執御乎? 執射乎? 吾執御矣.

달항당인왈 대재공자 박학이무소성명

자문지 위문제자왈 오하집 집어호 집사호 오집어의

◆9-3

공자가 말했다.

"삼베로 만든 관이 예에 맞지만, 지금은 굵은 실로 만든 것을 쓰니 검소하다. 나는 사람들이 하는 것을 따르겠다. 신하가 임금에게 당(堂) 아래에서 절하는 것이 예이지만, 지금은 당 위에서 절을 하니 거만한 것이다. 비록 사람들과 다르지만 나는 당 아래에서 절하는 예법을 따르겠다."

子曰 麻冕, 禮也, 今也純, 儉. 吾從衆.

拜下, 禮也, 今拜乎上, 泰也. 雖違衆, 吾從下.

자왈 마면 예야 금야순 검 오종중

배하 예야 금배호상 태야 수위중 오종하

◆9-4

공자는 네 가지를 하지 않았다. 자기 멋대로 생각대로 하지 않았고, 반드시 해야 한다는 것이 없었고, 고집하지 않았고, 자기를 내세우지 않았다.

子絶四. 毋意, 毋必, 毋固, 毋我.

◆9-5

공자가 광(匡) 땅에서 위험에 빠져 두려워하며 말했다.

"문왕이 이미 돌아가셨으니 그 문화가 나에게 있지 않은가?
하늘이 이 문화를 없애고자 했다면 내가 이 문화를 계승하지
못했을 것이다. 하늘이 아직 이 문화를 없애려고 하지 않으니
광(匡) 땅 사람들이 나를 어찌할 수 있겠는가?"

子畏於匡. 曰 文王既沒, 文不在茲乎? 天之將喪斯文也,
後死者不得與於斯文也, 天之未喪斯文也, 匡人其如予何?
자외어광 왈 문왕기몰 문부재자호 천지장상사문야
후사자부득여어사문야 천지미상사문야 광인기여여하

◆9-6

오나라 태재(太宰)[1]가 자공에게 물었다.

"공자는 성인인가? 어찌 그렇게 재능이 많으신가?"
자공이 대답했다.

177

"진실로 하늘이 성인으로 만들려고 했으니 또한 재능이 많습니다."

공자가 그것을 듣고 말했다.

"태재가 나를 아는구나! 나는 어려서 빈천했으므로 비천한 일에 능숙하다. 군자는 재능이 많은가? 재능이 많지 않다."

뇌(牟)[2]가 말했다.

"선생님께서 '내가 등용되지 못했기 때문에 기예를 익혔다'고 하셨다."

　

大宰問於子貢曰 夫子聖者與? 何其多能也?

子貢曰 固天縱之將聖, 又多能也. 子聞之, 曰 大宰知我乎!

吾少也賤, 故多能鄙事. 君子多乎哉? 不多也.

牟曰 子云, 吾不試, 故藝.

태재문어자공왈 부자성자여 하기다능야

자공왈 고천종지장성 우다능야 자문지 왈 태재지아호

◆ ◆ ◆

1) 태재(太宰)는 관직 명칭으로 재상을 가리킨다. 정현은 오나라와 부차의 태재였던 비(嚭)라고 말했다.

2) 뇌(牟)는 위나라 사람으로 공자의 제자이며, 성(姓)은 금(琴)이고 자(字)는 자개(子開) 혹은 자장(子張)이다. 전손사(顓孫師) 자장(子張)과 구분하기 위해 자장(字張)이라고 쓰기도 한다.

오소야천 고다능비사 군자다호재 부다야

뇌왈 자운 오불시 고예

◆9-7

공자가 말했다.

"내가 아는 것이 있겠는가? 아는 것이 없다. 그러나 비천한 사람이 나에게 질문해오면 머리가 텅 비어 어리석은 것일지라도 나는 양쪽 측면을 들어 다 가르쳐주었다."

子曰 吾有知乎哉? 無知也.

有鄙夫問於我, 空空如也, 我叩其兩端而竭焉.

자왈 오유지호재 무지야

유비부문어아 공공여야 아고기량단이갈언

◆9-8

공자가 말했다.

"봉황[3]새가 오지 않고, 황하에서 그림[4]도 나오지 않으니 끝인가 보구나!"

子曰 鳳鳥不至, 河不出圖, 吾已矣夫!

자왈 봉조부지 하불출도 오이의부

◆9-9

공자는 상복을 입은 사람, 관복을 입은 사람, 앞을 보지 못
하는 사람을 만나면 비록 어리더라도 반드시 일어났다. 그들
앞을 지나갈 때는 반드시 종종걸음으로 갔다.

子見齊衰者, 冕衣裳者, 與瞽者, 見之, 雖少必作. 過之, 必趨.

자견재최자 면의상자 여고자 견지 수소필작 과지 필추

◆9-10

안연이 탄식하면서 말했다.

"우러러볼수록 더욱 높고, 뚫을수록 더욱 견고하다. 바라보

◆ ◆ ◆

3) 봉황은 성왕(聖王)이 세상에 출현하면 나와서 춤을 춘다는 전설 속의 새이다.
순임금 때 출현해 춤을 추었고, 주나라 문왕 때 기산(岐山)에서 울었다고 한다.
4) 황하의 그림은 성인이 나올 징조를 말하는 것으로, 복희 때 황하에서 용마가
이 그림을 등에 업고 나와 이것을 참고하여 팔괘를 그렸다고 한다.

면 앞에 계신 것 같다가도 홀연히 뒤에 계신다. 선생님께서는 차근차근 사람을 잘 이끌어주시고, 나를 학문으로 넓혀주시며, 나를 예(禮)로 집약시키신다. 그만두고자 하지만 그만둘 수 없게 하시고, 나의 재능을 다해 배우고자 하지만 앞에 우뚝 서 있는 것 같다. 비록 따라가고자 하지만 끝내 따라갈 수 없다."

顔淵喟然歎曰 仰之彌高, 鑽之彌堅. 瞻之在前, 忽焉在後.
夫子循循然善誘人, 博我以文, 約我以禮. 欲罷不能,
旣竭吾才, 如有所立卓爾. 雖欲從之, 末由也已.
안연위연탄왈 앙지미고 찬지미견 첨지재전 홀언재후
부자순순연선유인 박아이문 약아이례 욕파불능
기갈오재 여유소립탁이 수욕종지 말유야이

◆9-11

공자가 병이 들어 위독하자 자로가 제자를 가신으로 삼아 대부의 예로 장례를 치르고자 했다. 병이 좀 나아지자 공자가 말했다.

"오래되었구나, 거짓을 행함이여! 가신이 없어야 하는데 가신을 두었구나. 내가 누구를 속이겠느냐? 하늘을 속이겠는가? 나는 가신의 손에서 죽기보다 차라리 너희들의 손에서 죽는 것이 낫지 않겠느냐? 또 내가 비록 성대한 장례를 치르지는 못하더라도 도로에서 죽기야 하겠느냐?"

子疾病, 子路使門人爲臣. 病間, 曰 久矣哉, 由之行詐也,
無臣而爲有臣. 吾誰欺? 欺天乎?
且予與其死於臣之手也, 無寧死於二三子之手乎?
且予縱不得大葬, 予死於道路乎?
자질병 자로사문인위신 병간 왈 구의재 유지행사야
무신이위유신 오수기 기천호
차여여기사어신지수야 무녕사어이삼자지수호
차여종부득대장 여사어도로호

◆ 9-12

자공이 말했다.

"여기에 아름다운 옥이 있다면 궤 속에 넣어 감춰 두시겠습니까? 아니면 좋은 값을 구해 파시겠습니까?"

공자가 말했다.

"팔아야지, 팔아야지! 나는 좋은 값에 팔기를 기다릴 것이다."

子貢曰 有美玉於斯, 韞匵而藏諸? 求善賈而沽諸?

子曰 沽之哉! 沽之哉! 我待賈者也.

자공왈 유미옥어사 온독이장저 구선고이고저

자왈 고지재 고지재 아대가자야

◆9-13

공자가 동쪽의 오랑캐 땅에서 살고자 했다. 어떤 사람이 말
했다.

"비루한 곳인데 어째서 그러십니까?"

공자가 말했다.

"군자가 거처한다면 어찌 비루함이 있겠는가?"

子欲居九夷. 或曰 陋, 如之何! 子曰 君子居之, 何陋之有?

자욕거구이 혹왈 누 여지하 자왈 군자거지 하루지유

◆9-14

공자가 말했다.

"내가 위나라로부터 노나라로 돌아온 후에 음악이 바르게

정리되었고, 아(雅)와 송(頌)이 각각 제자리를 찾게 되었다."

子曰 吾自衛反魯, 然後樂正, 雅頌各得其所.

자왈 오자위반노 연후악정 아송각득기소

◆ 9-15

공자가 말했다.

"집 밖에 나가서는 관직이 높은 공경(公卿)을 섬기고, 집에 들어와서는 부모님과 형제들을 섬기고, 상(喪)을 치르는 일에는 힘쓰지 않음이 없고, 술주정을 하지 않는 것, 이런 일에서 나에게 무슨 어려움이 있겠는가?"

子曰 出則事公卿, 入則事父兄, 喪事不敢不勉,

不爲酒困, 何有於我哉?

자왈 출즉사공경 입즉사부형 상사불감불면

불위주곤 하유어아재

◆9-16

공자가 냇가에서 물을 보고 말했다.

"세월이 흘러가는 것이 이와 같구나! 밤낮으로 멈추지 않는구나."

子在川上, 曰 逝者如斯夫! 不舍晝夜.

자재천상 왈 서자여사부 불사주야

◆9-17

공자가 말했다.

"덕을 좋아하는 것을 아름다운 여인을 좋아하는 것과 같이 하는 사람을 나는 아직 보지 못했다."

子曰 吾未見好德如好色者也.

자왈 오미견호덕여호색자야

◆9-18

공자가 말했다.

"비유하면 흙을 쌓아 산을 만드는 데 한 삼태기의 흙이 모자라 완성하지 못하고 그만두는 것은 내가 그만두는 것이다. 비유하면 구덩이를 메워 평지를 만드는 데 비록 한 삼태기의 흙을 부어 놓았다고 해도 그 나아감은 내가 나아가는 것이다."[5]

子曰 譬如爲山, 未成一簣, 止, 吾止也.
譬如平地, 雖覆一簣, 進, 吾往也.
자왈 비여위산 미성일궤 지 오지야
비여평지 수복일궤 진 오왕야

◆9-19
공자가 말했다.
"말해주면 게을리하지 않는 자는 안회이다."

◆ ◆ ◆

5) 공자는 일의 성공 여부가 자기 자신의 노력에 달려 있음을 말하고 있다. 《서경》 〈주서(周書) 여오(旅獒)〉편에서는 '산을 만드는 데 아홉 길을 쌓고도 한 삼태기가 부족해서 공이 헛되이 된다'고 했다. 공자는 이 구절에서 깊이 느낀 바가 있었던 것 같다. 산을 쌓든지 허물든지 오직 노력에 의해서만 가능하다는 뜻이다.

子曰 語之而不惰者, 其回也與!

자왈 어지이불타자 기회야여

◆9-20

공자가 안연에 대해 말했다.

"애석하구나! 나는 그가 앞으로 나아가는 것만 보았지 멈추는 것을 본 적이 없다."

子謂顏淵, 曰 惜乎! 吾見其進也, 未見其止也.

자위안연 왈 석호 오견기진야 미견기지야

◆9-21

공자가 말했다.

"싹은 돋아났지만 꽃을 피우지 못하는 것도 있고, 꽃은 피었지만 열매를 맺지 못하는 것도 있다."[6]

◆ ◆ ◆

6) 황간(黃侃)과 형병(邢昺)은 이 구절을 공자가 가장 아끼던 제자 안회의 죽음을 슬퍼한 것으로 해석했다.

子曰 苗而不秀者有矣夫! 秀而不實者有矣夫!

자왈 묘이불수자유의부 수이부실자유의부

◆9-22

공자가 말했다.

"어린 후배들은 두려워할 만하니, 어찌 미래에 그들이 지금 세대만 못하다고 말할 수 있겠는가? 그러나 사십 오십이 되어서도 이름이 알려지지 않는다면 이 또한 두려워할 만한 가치가 없다."[7]

子曰 後生可畏, 焉知來者之不如今也?

四十五十而無聞焉, 斯亦不足畏也已.

자왈 후생가외 언지래자지불여금야

사십오십이무문언 사역부족외야이

◆ ◆ ◆

7) '후생가외(後生可畏)'는 '뒤에 태어난 사람은 두려워할 만하다'는 뜻으로 열심히 노력해 실력을 쌓은 후배는 선배를 능가할 수 있음을 의미한다. 하지만 후배가 노력하지 않고 실력을 쌓지 않아서 실력을 발휘할 사십 오십이 되어서도 별다른 두각을 나타내지 못한다면 두려워할 만한 인물이 아니라는 뜻이다.

◆9-23

공자가 말했다.

"바른 말을 따르지 않을 수 있겠는가? 잘못을 고치는 것이 중요하다. 부드럽게 타이르는 말을 기뻐하지 않을 수 있겠는가? 말의 의미를 찾아내는 것이 중요하다. 기뻐하기만 하고 말의 의미를 찾지 않고, 따르기만 하고 잘못을 고치지 않는다면 끝내 어떻게 할 수 없다."

子曰 法語之言, 能無從乎? 改之爲貴. 異與之言, 能無說乎?

繹之爲貴. 說而不繹, 從而不改, 吾末如之何也已矣.

자왈 법어지언 능무종호 개지위귀 손여지언 능무열호

역지위귀 열이불역 종이불개 오말여지하야이의

◆9-24

공자가 말했다.

"진심을 다하고 믿음 있는 말을 하고, 자기만 못한 사람을 친구로 사귀지 말고, 잘못을 하면 고치는 것을 꺼려하지 말라."

子曰 主忠信, 毋友不如己者, 過則勿憚改.
자왈 주충신 무불여기자 과즉물탄개

◆9-25
공자가 말했다.
"삼군(三軍)이라는 큰 군대의 장수를 제거할 수는 있지만 평
범한 사람의 뜻을 빼앗을 수는 없다."

子曰 三軍可奪帥也, 匹夫不可奪志也.
자왈 삼군가탈수야 필부불가탈지야

◆9-26
공자가 말했다.
"다 떨어진 솜옷을 입고서 여우나 담비 가죽옷을 입은 자와
함께 서 있어도 부끄러워하지 않는 사람은 유(由, 자로)일 것이
다. '해치지도 않고 탐내지도 않으니 어찌 착하지 않겠는가?'라
고 했다."
자로가 평생 이 시를 교훈으로 암송하려 했다. 공자가 말했다.

"이것이 도(道)이다. 어찌 나쁘다고 할 수 있겠는가!"

子曰 衣敝縕袍, 與衣狐貉者立, 而不恥者, 其由也與?
不忮不求, 何用不臧? 子路終身誦之. 子曰 是道也, 何足以臧?
자왈 의폐온포 여의호학자립 이불치자 기유야여
불기불구 하용부장 자로종신송지 자왈 시도야 하족이장

◆9-27

공자가 말했다.

"날씨가 추워진 후에 소나무와 잣나무가 뒤에 시드는 것을
알게 된다."

子曰 歲寒然後 知松柏之後彫也.
자왈 세한연후 지송백지후조야

◆9-28

공자가 말했다.

"지혜로운 사람은 미혹되지 않고, 인(仁)한 사람은 근심하지

않고, 용기 있는 사람은 두려워하지 않는다."

子曰 知者不惑, 仁者不憂, 勇者不懼.

자왈 지자불혹 인자불우 용자불구

◆9-29

공자가 말했다.

"함께 배울 수는 있어도 함께 도를 향해 나아갈 수는 없다.
함께 도를 향해 나아갈 수는 있어도 함께 도에 대한 관점을
확립할 수는 없다. 함께 도에 대한 관점을 확립할 수는 있어도
함께 경중을 헤아려 상황에 맞게 처리할 수는 없다."

子曰 可與共學, 未可與適道. 可與適道, 未可與立.

可與立, 未可與權.

자왈 가여공학 미가여적도 가여적도 미가여립

가여립 미가여권

◆ 9-30

"산앵두나무 꽃이 나부끼네. 어찌 그대를 생각하지 않겠는가, 집이 너무 멀리 있구나."

공자가 이 시를 평가하여 말했다.

"생각하지 않을지언정, 어찌 멀리 있다 하겠는가?"

唐棣之華, 偏其反而. 豈不爾思? 室是遠而.

子曰 未之思也, 夫何遠之有?

당체지화 편기반이 기불이사 실시원이

자왈 미지사야 부하원지유

| 제 10 편 | **향당** 鄉黨

◆ 10-1

공자는 살고 있는 마을에서는 겸손하고 공손하여 말을 잘
할 줄 모르는 사람 같았다. 종묘와 조정에 있을 때는 분별하
여 말을 잘했으나 다만 조심스럽게 했다.

孔子於鄕黨, 恂恂如也, 似不能言者. 其在宗廟朝廷, 便便言, 唯謹爾.
공자어향당 순순여야 사불능언자 기재종묘조정 변변언 유근이

◆ 10-2

조정에서 하대부(下大夫, 지위가 낮은 대부)와 말할 때는 정직하
게 했고, 상대부(上大夫, 지위가 높은 대부)와 말할 때는 온화하게
했다. 임금이 있으면 공경하여 조심스럽게 했고, 예에 맞게 행
동했다.

朝, 與下大夫言, 侃侃如也, 與上大夫言, 誾誾如也.
君在, 踧踖如也. 與與如也.
조 여하대부언 간간여야 여상대부언 은은여야
군재 축적여야 여여여야

◆ 10-3

임금이 불러 손님을 맞이하게 하면 얼굴빛을 엄숙하게 하고, 발걸음을 빨리 했다. 함께 서 있는 손님에게 인사할 때는 손을 좌우로 하면서 사람들에게 읍했고, 옷은 앞뒤가 가지런했다. 종종걸음으로 나아갈 때는 몸을 단정히 했다. 손님이 물러가면 반드시 "손님은 뒤돌아보지 않고 잘 떠났습니다" 하고 보고했다.

君召使擯, 色勃如也, 足躩如也. 揖所與立, 左右手.
衣前後, 襜如也. 趨進, 翼如也. 賓退, 必復命曰 賓不顧矣.
군소사빈 색발여야 족곽여야 읍소여립 좌우수
의전후 첨여야 추진 익여야 빈퇴 필복명왈 빈불고의

◆ 10-4

대궐 문으로 들어갈 때는 몸을 숙여 마치 문이 작아서 용납되지 않는 듯 했다. 서 있을 때는 문 한가운데에 서지 않았으며, 걸어갈 때는 문지방을 밟지 않았다. 임금이 앉은 자리를 지나갈 때는 얼굴빛을 신중하게 했고, 발걸음을 빨리 하고 말을 어눌한 듯이 했다. 옷자락을 잡고 대청에 오를 때는 몸을 숙이고 숨을 죽이면서 쉬지 않는 듯 했다. 나올 때는 계단을 한 계단 내려오면서 얼굴빛을 펴 편안한 듯이 했다. 계단을 다 내려와서는 종종걸음으로 나가면서도 단정했다. 다시 그 자리로 돌아와서는 더욱 공손하게 했다.

> 入公門, 鞠躬如也, 如不容. 立不中門, 行不履閾.
> 過位, 色勃如也, 足躩如也, 其言似不足者. 攝齊升堂,
> 鞠躬如也, 屛氣似不息者. 出, 降一等, 逞顔色, 怡怡如也.
> 沒階 趨進, 翼如也. 復其位, 踧踖如也.
> 입공문 국궁여야 여불용 입부중문 행불리역
> 과위 색발여야 족곽여야 기언사부족자 섭자승당
> 국궁여야 병기사불식자 출 강일등 영안색 이이여야
> 몰계 추진 익여야 복기위 축적여야

◆ 10-5

다른 나라에 사신으로 가서 규(圭, 옥으로 만든 예기)를 잡고 군주를 알현할 때는 몸을 굽혀 그것을 못 이기는 듯이 했다. 규를 올릴 때는 읍하듯이 했고, 내릴 때는 물건을 내려주는 것같이 했다. 얼굴빛은 두려워하는 것처럼 했고, 발은 뒤꿈치로 끄는 듯 걸었다. 예물을 드리고 향례가 행해질 때는 얼굴빛을 부드럽게 했으며, 사적으로 볼 때는 즐거워했다.

執圭, 鞠躬如也, 如不勝. 上如揖, 下如授.

勃如戰色, 足縮縮, 如有循. 享禮, 有容色. 私覿, 愉愉如也.

집규 국궁여야 여불승 상여읍 하여수

발여전색 족축축 여유순 항례 유용색 사적 유유여야

◆ 10-6

군자(공자)는 곤색과 주홍색 옷을 입지 않았다.[1] 다홍색과 보라색으로 평상복을 만들지 않았다. 더운 여름에는 갈포로 만든 홑겹 옷을 반드시 겉에 입어 살이 보이지 않게 했다. 검정 옷에는 검정 염소 가죽옷을, 흰 옷에는 어린 사슴 가죽옷을, 누런 옷에는 여우 가죽옷을 입었다. 평상시에 입는 가죽옷은 길게 하고 오른쪽 소매는 짧게 했다. 반드시 잠옷이 있었으며, 몸길이보다 반이 더 길었다. 여우와 담비의 두꺼운 털 가죽으로 방석을 만들어 깔고 앉았다. 상(喪)에서 벗어나면 장

◆ ◆ ◆

1) '공자는 사치스러운 색깔의 옷을 입지 않았다'는 뜻이다.

신구를 차지 않은 적이 없었다. 예복인 주름치마가 아니면 반드시 약식으로 천을 잘라 꿰매어 입었다. 검정 염소 가죽옷을 입거나 검은 관을 쓰고 조문하지 않았다. 매월 초하루에는 반드시 조복(朝服)을 입고 조회에 나갔다.

君子不以紺緅飾. 紅紫不以爲褻服. 當暑, 袗絺綌, 必表而出之.
緇衣羔裘, 素衣麑裘, 黃衣狐裘. 褻裘長. 短右袂.
必有寢衣, 長一身有半. 狐貉之厚以居. 去喪, 無所不佩.
非帷裳, 必殺之. 羔裘玄冠不以弔. 吉月, 必朝服而朝.
군자불이감추식 홍자불이위설복 당서 진치격 필표이출지
치의고구 소의예구 황의호구 설구장 단우몌
필유침의 장일신유반 호학지후이거 거상 무소불패
비유상 필쇄지 고구현관불이조 길월 필조복이조

◆ 10-7
제사를 지내기 위해 재계(齊戒)할 때는 반드시 베로 만든 옷을 입었다. 재계할 때는 반드시 평소와는 다른 음식으로 바꿨고, 거처도 반드시 자리를 옮겼다.

齊, 必有明衣, 布. 齊, 必變食, 居必遷坐.

재 필유명의 포 제 필변식 거필천좌

◆10-8

밥은 잘 찧은 흰쌀밥을 싫어하지 않았고, 생고기는 가늘게
썬 것을 싫어하지 않았다. 밥이 쉬거나 변한 것, 생선이 상한
것과 고기가 부패한 것은 먹지 않았다. 빛깔이 좋지 않은 것
은 먹지 않았고, 냄새가 좋지 않은 것은 먹지 않았으며, 알맞
게 익지 않은 것은 먹지 않았고, 제철이 아닌 것은 먹지 않았
다. 반듯하게 썰지 않은 것은 먹지 않았고, 마땅한 간장이 없
으면 먹지 않았다. 고기는 비록 많더라도 밥보다 많이 먹지 않
았다. 오직 술은 양을 정해두고 마시지 않았지만 술주정하는
데까지는 이르지 않았다. 시장에서 사온 술과 육포는 먹지 않
았다. 생강은 끊지 않고 꾸준히 먹었지만 많이 먹지는 않았다.
나라의 제사에 참여하고 받아온 고기는 그날 밤을 넘기지 않
고 주변에 나누어주었다. 집에서 제사 지낸 고기는 사흘을 넘
기지 않고 나누어주었으며, 사흘을 넘기면 먹지 않았다. 식사
할 때는 말하지 않았고, 잠자리에 누워서는 말하지 않았다.
비록 거친 밥과 산나물국이라도 고수레를 했으며, 반드시 엄

숙한 모습으로 했다.

食不厭精, 膾不厭細. 食饐而餲, 魚餒而肉敗, 不食. 色惡, 不食.
臭惡, 不食. 失飪, 不食. 不時, 不食. 割不正, 不食. 不得其醬, 不食.
肉雖多, 不使勝食氣. 惟酒無量, 不及亂. 沽酒市脯 不食.
不撤薑食. 不多食. 祭於公, 不宿肉. 祭肉不出三日. 出三日, 不食之矣.
食不語, 寢不言. 雖疏食菜羹, 瓜祭, 必齊如也.

식불염정 회불염세 식의이애 어뇌이육패 불식 색악 불식
취악 불식 실임 불식 불시 불식 할부정 불식 부득기장 불식
육수다 불사승식기 유주무량 불급란 고주시포 불식
불철강식 부다식 제어공 불숙육 제육불출삼일 출삼일 불식지의
식불어 침불언 수소사채갱 과제 필제여야

◆ 10-9
자리가 바르지 않으면 앉지 않았다.

席不正, 不坐.
석부정 부좌

◆ 10-10

마을 사람들과 술을 마실 때는 지팡이를 짚은 노인이 나가
면 그때 따라 나갔다. 마을 사람들이 악귀 쫓는 굿을 하면 조
복 차림으로 동쪽 계단에 서 있었다.[2]

鄕人飮酒, 杖者出, 斯出矣. 鄕人儺, 朝服而立於阼階.
향인음주 장자출 사출의 향인나 조복이립어조계

◆ 10-11

다른 나라에 사람을 보내 안부를 물을 때는 두 번 절을 하
고 보냈다. 노나라의 실권자인 계강자가 약을 보내오자 절을
하고 받으면서 공자가 말했다.
"나는 어떤 약인지 알 수 없으므로 감히 마실 수 없습니다."

◆ ◆ ◆

2) 나례(儺禮)는 중국 고대에 악귀를 물리치는 행사였다. 공자는 귀신에 대한 신
앙을 배척했지만, 악귀를 쫓아낸다는 점에서 중요하게 생각했다. 공자는 당시 사
람들이 나례를 즐기기만 하고 소홀하게 지내는 것을 경계하기 위해 옛 예(禮)에
따라 조복 차림으로 동쪽 계단에 서 있었다.

問人於他邦, 再拜而送之. 康子饋藥, 拜而受之. 曰 丘未達, 不敢嘗.

문인어타방 재배이송지 강자궤약 배이수지 왈 구미달 불감상

◆ 10-12

마구간이 불탔다. 공자가 조정에서 돌아와 말했다.

"사람이 다쳤느냐?"

말에 대해서는 물어보지 않았다.

廐焚. 子退朝, 曰 傷人乎? 不問馬.

구분 자퇴조 왈 상인호 불문마

◆ 10-13

임금이 음식을 하사하시면 반드시 자리를 바르게 하고 앉아서 먼저 맛을 보았다. 임금이 생고기를 하사하시면 반드시 익혀서 조상의 제단에 올렸다. 임금이 살아 있는 짐승을 하사하시면 반드시 그것을 길렀다. 임금을 모시고 식사를 할 때, 임금이 제(祭)를 올리면 먼저 밥을 드셨다. 병이 들어 임금이 병문안을 오시면 머리를 동쪽으로 두고, 조복을 그 위에 얹고,

허리띠를 늘어놓았다. 임금이 명하여 부르시면 수레에 멍에가 채워지는 것을 기다리지 않고 바로 달려갔다.

君賜食, 必正席先嘗之. 君賜腥, 必熟而薦之.

君賜生, 必畜之. 侍食於君, 君祭, 先飯. 疾, 君視之, 東首, 加朝服,

拖紳. 君命召, 不俟駕行矣.

군사식 필정석선상지 군사성 필숙이천지

군사생 필훅지 시식어군 군제 선반 질 군시지 동수 가조복

타신 군명소 불사가행의

◆ 10-14

태묘에 들어가서 제사를 올릴 때 매번 일을 물었다.

入太廟, 每事問.

입태묘 매사문

◆ 10-15

친구가 죽었는데 빈소를 차릴 곳이 없었다. 공자가 말했다.

"내 집에 빈소를 차려주어라."

친구가 보내준 선물은 비록 수레나 말과 같은 값비싼 것일
지라도 제사에 쓴 고기가 아니면 절을 하지 않았다.

朋友死, 無所歸. 曰 於我殯. 朋友之饋, 雖車馬, 非祭肉, 不拜.

붕우사 무소귀 왈 어아빈 붕우지궤 수거마 비제육 불배

◆ 10-16

잠을 잘 때는 시체처럼 눕지 않았고, 집에 있을 때는 용모
를 꾸미지 않았다. 상복(喪服)을 입은 사람을 보면 비록 친한
사람일지라도 반드시 안색을 고쳐 슬픔을 표현했다. 예복을
입은 사람과 앞 못 보는 사람을 만나면 비록 자주 만나는 사
이일지라도 반드시 용모를 바르게 하고 대했다. 수레를 타고
가다 상복을 입은 사람을 만나면 수레의 가로지른 나무막대
를 잡고 고개를 숙여 절했다. 백성의 수를 기록한 문서를 짊
어지고 가는 사람에게도 경의를 표했다. 성대한 음식을 대접
받을 때는 반드시 얼굴빛을 가다듬고 일어나 주인에게 경의

를 표했다. 천둥이 치고 바람이 세차게 불면 반드시 안색을
가다듬었다.

寢不尸, 居不容. 見齊衰者, 雖狎, 必變.
見冕者與瞽者, 雖褻, 必以貌. 凶服者式之. 式負版者. 有盛饌,
必變色而作. 迅雷風烈, 必變.
침불시 거불용 견자최자 수압 필변
견면자여고자 수설 필이모 흉복자식지 식부판자 유성찬
필변색이작 신뢰풍렬 필변

◆ 10-17
수레에 오를 때는 반드시 바르게 서서 손잡이를 꼭 잡았다.
수레 안에서는 여기저기 살펴보지 않고, 빠르게 말을 하지 않
고, 손가락으로 직접 가리키지 않았다.

升車, 必正立執綏. 車中, 不內顧, 不疾言, 不親指.
승거 필정립집수 거중 불내고 부질언 불친지

◆ 10-18

새가 기색을 살펴 날아올랐다가 하늘을 한 바퀴 돌고난 후에 내려앉았다. 이것을 본 공자가 말했다.

"산 속의 암꿩아, 좋은 때구나! 좋은 때구나!"

자로가 이 말을 잘못 알아듣고 꿩을 잡아 요리하여 바치자, 공자께서 세 번 냄새만 맡고 일어나셨다.[3]

色斯擧矣, 翔而後集. 曰 山梁雌雉, 時哉! 時哉!

子路共之, 三嗅而作.

색사거의 상이후집 왈 산량자치 시재 시재

자로공지 삼후이작

◆ ◆ ◆

3) 해석이 분분한 구절 중의 하나이다. 공자는 산기슭에서 좋은 시절을 만나 즐겁게 놀고 있는 새를 보고 '좋은 때구나'라고 찬탄했다. 제자 자로가 그 말을 새가 제철 음식이라고 찬탄하는 말로 오해하고 그 새를 잡아 요리하여 바쳤다. 그러자 공자는 자로의 성의를 거부할 수 없어서 차마 요리를 먹지 못하고 냄새만 세 번 맡고 일어선 것이다.

| 제 11 편 | 선진 先進

◆ 11-1

공자가 말했다.

"선배들은 예악에 대해 촌사람처럼 질박했다. 요즘 후배들
은 예악에 대해 군자처럼 겉을 잘 꾸민다. 만약 내가 예악을
쓴다면 나는 선배들을 따를 것이다."

子曰 先進於禮樂, 野人也. 後進於禮樂, 君子也.

如用之, 則吾從先進.

자왈 선진어례악 야인야 후진어례악 군자야

여용지 즉오종선진

◆ 11-2

공자가 말했다.

"진(陳)나라와 채(蔡)나라에서 나를 따르던 자들은 모두 내
문하에 있지 않다."[1]

덕행에 뛰어난 사람으로는 안연, 민자건, 염백우, 중궁이 있
었다. 언변이 뛰어난 사람으로는 재아, 자공이 있었다. 정치에
뛰어난 사람으로는 염유, 계로(자로)가 있었고, 문학에 뛰어난
사람으로는 자유, 자하가 있었다.

子曰 從我於陳蔡者, 皆不及門也.

德行 顔淵, 閔子騫, 冉伯牛, 仲弓. 言語 宰我, 子貢.

政事 冉有, 季路. 文學 子游, 子夏.

자왈 종아어진채자 개불급문야

덕행 안연 민자건 염백우 중궁 언어 재아 자공

정사 염유 계로 문학 자유 자하

◆ 11-3

공자가 말했다.

"안회는 나를 돕는 사람이 아니다. 나의 말에 기뻐하지 않는 것이 없다."

◆ ◆ ◆

1) 《사기》 〈공자세가〉에 의하면, 공자는 노나라 애공 6년 64세에 제자들과 진나라와 채나라를 방문했다. 초나라 소왕이 공자를 초청했는데 진나라와 채나라의 대부들이 공자가 초나라에 기용되는 것을 막기 위해 들판에서 공자 일행을 포위하고 보내주지 않았다. 당시 양식이 떨어져 며칠을 굶게 되자 공자의 제자 중에는 병든 사람도 있었다. 공자는 자공을 초나라로 보내 상황을 소왕에게 보고하게 했다. 그러자 초나라 소왕이 군대를 보내 공자 일행을 맞이했다. 이 시기는 공자가 14년 간 유랑하던 시절 가운데 가장 힘든 때였다.

子曰 回也非助我者也, 於吾言無所不說.

자왈 회야비조아자야 어오언무소불열

◆ 11-4

공자가 말했다.

"효성스럽구나, 민자건(閔子騫)[2]이여! 사람들이 그의 부모와 형제가 그의 효를 칭찬하는 말에 이의를 제기하지 않는구나."

子曰 孝哉, 閔子騫! 人不間於其父母昆弟之言.

자왈 효재 민자건 인불간어기부모곤제지언

◆ 11-5

남용(南容)[3]이 백규(白圭)의 시를 반복하여 암송했는데, 공자

◆ ◆ ◆

2) 민자건(閔子騫)은 성(姓)은 민(閔)이고 이름은 손(損)이며, 자(字)는 자건(子騫)이다.

3) 남용(南容)은 공자의 제자로 성(姓)은 남궁(南宮)이고 이름은 괄(适)이며, 자(字)는 자용(子容)이다. 남용은 노나라 사람으로 매우 신중한 인물이었다.

는 형의 딸을 그에게 시집보냈다.

南容三復白圭, 孔子以其兄之子妻之.

남용삼복백규 공자이기형지자처지

◆ 11-6

계강자가 물었다.

"제자 중에 누가 배우기를 좋아합니까?"

공자가 대답하여 말했다.

"안회라는 제자가 있어 배우기를 좋아했는데 불행히도 단명
하여 죽었습니다. 지금은 없습니다."

季康子問 弟子孰爲好學?

孔子對曰 有顔回者好學, 不幸短命死矣! 今也則亡.

계강자문 제자숙위호학

공자대왈 유안회자호학 불행단명사의 금야즉무

♦ 11-7

안연이 죽자, 아버지인 안로(顏路)⁴⁾가 공자의 수레를 팔아 관의 외곽을 마련해 달라고 청했다. 공자가 말했다.

"재능이 있건 없건 각각 자식이라고 말한다. 내 아들 이(鯉)⁵⁾가 죽었을 때도 관은 있었지만 외곽은 없었다. 내가 수레를 팔아서 외곽을 만들지 않은 것은 내가 대부의 끝자리에 있었으므로 걸어 다닐 수 없었기 때문이다.⁶⁾

顔淵死, 顔路請子之車以爲之槨. 子曰 才不才, 亦各言其子也. 鯉也死, 有棺而無槨. 吾不徒行以爲之槨. 以吾從大夫之後, 不可徒行也.
안연사 안로청자지거이위지곽 자왈 재부재 역각언기자야 리야사
유관이무곽 오불도행이위지곽 이오종대부지후 불가도행야

♦ ♦ ♦

4) 안로(顏路)는 안회의 아버지로, 성(姓)은 안(顏)이고 이름은 무유(無繇)이며 자(字)는 로(路)이다. 안로는 공자보다 6세 연하이며 공자의 초기 제자이다.
5) 이(鯉)는 공자의 아들로 자(字)는 백어(伯魚)이다.
6) 공자는 제자들이 자신이 타고 다니는 수레를 팔아 안회의 장례를 성대하게 치르자고 하자 수레를 타고 다니는 것은 예(禮)를 지키기 위한 것이므로 팔 수 없다고 말했다. 공자는 자신의 친아들이 죽었을 때도 관을 소박하게 하여 장례를 지냈듯 자식처럼 아끼는 제자 안회의 장례를 소박하게 치르는 것이 예(禮)라고 주장하고 있다.

◆11-8

안연이 죽었다. 공자가 말했다.

"슬프구나! 하늘이 나를 버리는구나, 하늘이 나를 버리는구나!"

顔淵死. 子曰 噫! 天喪予! 天喪予!
안연사 자왈 희 천상여 천상여

◆11-9

안연이 죽자 공자가 매우 슬프게 곡을 했다. 따르는 자들이 말했다.

"선생님께서 너무 슬퍼하시는 것 같습니다."

공자가 말했다.

"내가 지나치게 슬퍼했는가? 안연을 위해 슬퍼하지 않는다면 누구를 위해 슬퍼한단 말인가?"

顔淵死, 子哭之慟. 從者曰 子慟矣. 曰 有慟乎? 非夫人之爲慟而誰爲!
안연사 자곡지통 종자왈 자통의 왈 유통호 비부인지위통이수위

◆ 11-10

안연이 죽자 제자들이 후하게 장례를 치르려고 했다. 공자
가 말했다.

"안 된다."

제자들이 후하게 장례를 치렀다. 공자가 말했다.

"안회는 나를 아버지와 같이 여겼는데, 나는 자식과 같이
대해주지 못했다. 내 잘못이 아니라 너희들 때문이다."[7]

顔淵死, 門人欲厚葬之, 子曰 不可. 門人厚葬之.

子曰 回也視予猶父也, 予不得視猶子也. 非我也, 夫二三子也.

안연사 문인욕후장지 자왈 불가 문인후장지

자왈 회야시여유부야 여부득시유자야 비아야 부이삼자야

◆ 11-11

계로(季路, 자로)가 귀신을 섬기는 일에 대해 물었다. 공자가

◆ ◆ ◆

7) 장례는 분수에 맞게 치르는 것이 예(禮)이다. 안연의 장례를 소박하게 치러야
예(禮)에 맞는데, 공자의 제자들이 성대하게 치러서 예를 어겼다는 말이다. 공자
는 예(禮)를 지키는 것을 중시했다.

말했다.

"사람을 섬기는 것도 잘 못하는데 어찌 귀신을 섬기겠는가?"

다시 죽음에 대해 물었다. 공자가 말했다.

"삶에 대해서도 잘 알지 못하는데 어찌 죽음에 대해 알려고 하는가?"

季路問事鬼神. 子曰 未能事人, 焉能事鬼? 敢問死.

曰 未知生, 焉知死?

계로문사귀신 자왈 미능사인 언능사귀 감문사

왈 미지생 언지사

◆ 11-12

민자건은 공자를 곁에서 모실 때 온화했고, 자로는 씩씩했으며, 염유와 자공은 강직했다. 공자는 즐거워했다.

"유(由, 자로)와 같은 사람은 제명에 죽지 못할 것이다."[8]

閔子侍側, 誾誾如也. 子路, 行行如也.

冉有子貢, 侃侃如也. 子樂. 若由也, 不得其死然.

216

민자시측 은은여야 자로 행행여야

염유자공 간간여야 자락 약유야 부득기사연

◆ 11-13

노나라 사람들이 재화를 저장하는 창고를 만들었다. 민자건
이 말했다.

"옛것을 고쳐 쓰면 어떤가요? 어찌 반드시 새로 만들어야
하는지요?"

공자가 말했다.

"저 사람은 말이 없지만 말하면 반드시 이치에 들어맞는다."

魯人爲長府. 閔子騫曰 仍舊貫, 如之何? 何必改作?

子曰 夫人不言, 言必有中.

노인위장부 민자건왈 잉구관 여지하 하필개작

자왈 부인불언 언필유중

◆ ◆ ◆

8) 공자는 자로가 제명에 죽지 못할 것이라고 예언했다. 왜냐하면 자로는 용기(勇
氣)가 지나쳐 다른 사람과 마찰을 일으키거나 조심성 있게 일을 진행하지 못해
해를 당할 수 있다고 생각한 것이다. 실제로 자로는 위나라에서 관직을 지내다가
정변에 휩싸여 공자보다 1년 일찍 죽었다.

◆ 11 - 14

공자가 말했다.

"유(由, 자로)는 어찌 시끄럽게 내 집에서 거문고를 연주하는
가?"

그 말을 듣고 제자들이 자로를 공경하지 않았다. 공자가 말
했다.

"유는 학문이 상당한 경지에 도달했지만 아직 심오한 경지
에는 이르지 못했다."

子曰 由之瑟奚爲於丘之門? 門人不敬子路.

子曰 由也升堂矣, 未入於室也.

자왈 유지슬해위어구지문 문인불경자로

자왈 유야승당의 미입어실야

◆ 11 - 15

자공이 물었다.

"사(師, 자장)와 상(商, 자하) 중에서 누가 더 현명합니까?"

공자가 말했다.

"사는 재능이 지나치고, 상은 모자라다."

자공이 말했다.

"그렇다면 사가 더 뛰어납니까?"

공자가 말했다.

"지나친 것은 모자란 것과 같다."

子貢問 師與商也孰賢? 子曰 師也過, 商也不及.

曰 然則師愈與? 子曰 過猶不及.

자공문 사여상야숙현 자왈 사야과 상야불급

왈 연즉사유여 자왈 과유불급

◆ 11-16

계씨는 주공(周公)보다 부유했는데, 염구는 계씨를 위해 세금을 심하게 걷었으니 계씨의 부를 늘려주었다. 공자가 말했다.

"염구는 나의 제자가 아니다. 너희들은 북을 울리며 그를 공격해도 좋다."

季氏富於周公, 而求也爲之聚斂而附益之.

子曰 非吾徒也. 小子鳴鼓而攻之, 可也.

계씨부어주공 이구야위지취렴이부익지

자왈 비오도야 소자명고이공지 가야

◆ 11 - 17

시(柴, 자고)[9]는 어리석고, 삼(參, 증자)[10]은 노둔하며, 사(師, 자장)[11]는 편벽되고, 유(由, 자로)는 거칠다.

柴也愚, 參也魯, 師也辟, 由也喭.

시야우 삼야노 사야벽 유야언

◆ ◆ ◆

9) 시(柴)는 공자의 제자로 성(姓)은 고(高)이고 이름은 시(柴)이며, 자(字)는 자고(子羔)이다. 제나라 사람이고 공자보다 40세 연하이다. 키가 작고 얼굴이 못생겼지만 효를 독실하게 실천하고 법도에 맞게 행동했다.

10) 삼(參)은 공자의 제자 증삼(曾參)으로 자(字)는 자여(子輿)이다. 노나라 사람으로 공자보다 46세 연하이고, 효(孝)를 잘 실천한 것으로 유명하다.

11) 사(賜)는 공자의 제자로 성(姓)은 전손(顓孫)이고 이름은 사(師)이며, 자(字)는 자장(子張)이다. 진(陳)나라 사람이고 공자보다 48세 연하이다.

◆ 11-18

공자가 말했다.

"안회는 거의 도에 가까웠지만 자주 쌀독이 비었다. 자공은 천명을 따르지 않고 재물을 모았지만, 생각은 이치에 잘 맞았다."

子曰 回也其庶乎, 屢空. 賜不受命, 而貨殖焉, 億則屢中.

자왈 회야기서호 누공 사불수명 이화식언 억즉루중

◆ 11-19

자장이 선한 사람의 도에 대해 물었다. 공자가 말했다.

"성현의 자취를 따르지 않아도 선한 일을 할 수 있지만, 또한 성인의 경지에는 들어가지 못한다."

子張問善人之道. 子曰 不踐迹, 亦不入於室.

자장문선인지도 자왈 불천적 역불입어실

◆ 11-20

공자가 말했다.

"논의를 독실하게 잘하면 사람들이 그를 인정해준다. 다만 그 사람이 군자인지, 겉모습만 그럴듯하게 꾸민 사람인지 알 수 없다."

子曰 論篤是與, 君子者乎? 色莊者乎?

자왈 논독시여 군자자호 색장자호

◆ 11-21

자로가 물었다.

"들으면 곧바로 실천해야 합니까?"

공자가 말했다.

"부모와 형제가 살아 있는데 어떻게 들으면 곧바로 실천할 수 있겠는가?"

염유가 물었다.

"들으면 곧바로 실천해야 합니까?"

공자가 말했다.

"들으면 곧바로 실천하라."

공서화가 말했다.

"유(由, 자로)가 "들으면 곧바로 실천해야 합니까?"라고 물었을 때 선생님께서는 "부모와 형제가 살아 있다"고 말씀하셨습니다. 구(求, 염유)가 "들으면 곧바로 실천해야 합니까?"라고 물었을 때 선생님께서는 "들으면 곧바로 실천하라"고 말씀하셨습니다. 저는 잘 이해되지 않아 감히 묻습니다."

공자가 말했다.

"구(求)는 소심하여 물러서므로 나아가게 했다. 유(由)는 용기가 보통 사람의 몇 배가 되므로 물러서게 한 것이다."

子路問 聞斯行諸? 子曰 有父兄在, 如之何其聞斯行之?

冉有問 聞斯行諸? 子曰 聞斯行之. 公西華曰

由也問聞斯行諸, 子曰有父兄在. 求也問聞斯行諸, 子曰聞斯行之.

赤也惑, 敢問. 子曰 求也退, 故進之. 由也兼人, 故退之.

자로문 문사행저 자왈 유부형제 여지하기문사행지

염유문 문사행저 자왈 문사행지 공서화왈

유야문문사행저 자왈유부형재 구야문문사행저 자왈문사행지

적야혹 감문 자왈 구야퇴 고진지 유야겸인 고퇴지

◆ 11-22

공자가 광(匡) 땅에서 위험에 처했을 때[12] 안연이 뒤늦게 도
착했다. 공자가 말했다.

"나는 네가 죽은 줄 알았다."

안연이 말했다.

"선생님께서 살아 계신데 제가 어찌 감히 죽겠습니까?"

子畏於匡, 顔淵後. 子曰 吾以女爲死矣. 曰 子在, 回何敢死?

자외어광 안연후 자왈 오이녀위사의 왈 자재 회하감사

◆ 11-23

계자연(季子然)[13]이 물었다.

"자로와 염구는 대신(大臣)이라고 할 만합니까?"

공자가 말했다.

◆◆◆

12) 공자는 노나라에서 정치적 개혁에 실패하고 56세에 노나라를 떠났다. 공자
는 광(匡) 지역에서 평판이 나쁜 노나라 정치인 양호로 오인 받아 그 지역 사람들
에게 포위당하고 생명의 위협을 느끼며 곤경에 처하게 되었다.
13) 계자연(季子然)은 노나라 삼환의 한 사람인 계자평(季子平)의 아들이다.

"나는 당신이 다른 질문을 할 줄 알았는데, 자로와 염구에 대해 묻는군요. 대신이란 도(道)로써 군주를 섬기다 안 되면 관직을 그만두게 됩니다. 지금 자로와 염구는 인원수만 채우고 있는 신하라 할 수 있습니다."

계자연이 말했다.

"그렇다면 임금을 잘 따르는 사람입니까?"

공자가 말했다.

"아버지와 군주를 죽이는 일이라면 따르지 않을 것입니다."

季子然問 仲由冉求可謂大臣與? 子曰 吾以子爲異之問,

曾由與求之問. 所謂大臣者, 以道事君, 不可則止.

今由與求也, 可謂具臣矣. 曰 然則從之者與?

子曰 弑父與君, 亦不從也.

계자연문 중유염구가위대신여 자왈 오이자위이지문

증유여구지문 소위대신자 이도사군 불가즉지

금유여구야 가위구신의 왈 연즉종지자여

자왈 시부여군 역부종야

◆ 11-24

자로가 자고(子羔)를 비(費) 땅의 관리로 삼았다. 공자가 말했다.

"남의 자식을 망치고 있다."

자로가 말했다.

"비 땅에는 백성도 있고, 사직도 있습니다. 어찌 반드시 책을 읽은 후에만 배웠다고 할 수 있겠습니까?"

공자가 말했다.

"이 때문에 나는 말 잘하는 사람을 싫어한다."

子路使子羔爲費宰. 子曰 賊夫人之子.

子路曰 有民人焉, 有社稷焉. 何必讀書, 然後爲學?

子曰 是故惡夫佞者.

자로사자고위비재 자왈 적부인지자

자로왈 유민인언 유사직언 하필독서 연후위학

자왈 시고오부녕자

◆ 11-25

자로와 증석(曾晳)[14], 염유, 공서화가 공자를 모시고 앉았다. 공자가 말했다.

"내가 너희들보다 나이가 조금 많다고 해서 나를 어렵게 생각하지 말라. 평소에 '나를 알아주지 않는다'고 하는데, 만약 너희들을 알아주는 사람이 있어 등용된다면 어떻게 하겠느냐?"

자로가 경솔하게 대답했다.

"천 대의 전차(戰車)가 나오는 제후국이 큰 나라 사이에서 섭정을 당하고, 군대가 침략을 당하고, 기근이 거듭되더라도 제가 다스리면 삼 년 만에 백성을 용감하게 만들고, 또 의를 알게 할 것입니다."

공자가 웃었다.

"구(求, 염유)야, 너는 어떻게 하겠느냐?"

염유가 대답하여 말했다.

"사방 육칠십 리나 오륙십 리의 작은 나라를 제가 다스린다면 삼 년 만에 백성들을 풍족하게 할 수 있습니다. 예악은 군자를 기다려 가르치도록 하겠습니다."

"공서화야, 너는 어떻게 하겠느냐?"

대답하여 말했다.

"저는 '잘한다'고는 할 수 없지만 배우고자 합니다. 종묘에서

◆ ◆ ◆

14) 증석(曾晳)은 증삼의 아버지로 성(姓)은 증(曾)이고 이름은 점(點)이며, 자(字)는 자석(子晳)이다.

제사 지내는 일과 제후들이 회동할 때 예복과 관을 쓰고 군주를 돕고 싶습니다."

"증석아, 너는 어떻게 하겠느냐?"

증석은 거문고를 서서히 연주하다가 댕그랑 놓고 일어나 대답하여 말했다.

"저는 세 사람이 말한 것과 다릅니다."

공자가 말했다.

"무슨 상관이 있겠느냐? 또한 각기 뜻을 말한 것이다."

증석이 말했다.

"늦봄에 봄옷을 만들어 입고, 관을 쓴 사람 대여섯 명과 동자 예닐곱 명과 함께 기수(沂水)에서 목욕을 하고 무우(舞雩) 언덕에서 바람을 쐬고 시를 읊고 돌아올 것입니다."

공자가 탄식하면서 말했다.

"나는 증석과 함께할 것이다."

증석이 물었다.

"선생님께서는 어째서 유(由, 자로)의 말에 웃으셨습니까?"

공자가 대답하여 말했다.

"나라를 다스리는 일은 예로써 하는 것인데, 그 말이 불손하기 때문에 웃은 것이다."

증석이 말했다.

"구(求, 염구)가 말한 것도 나라에 관한 것이 아닙니까?"

공자가 말했다.

"어찌 사방 육칠십 리와 오륙십 리가 나라가 아니겠는가?"

증석이 말했다.

"적(赤, 공서화)이 말한 것은 나라에 관한 것이 아닙니까?"

공자가 말했다.

"종묘에 제사 지내는 것과 제후의 회동이 제후의 일이 아니면 무엇이겠는가? 적(赤)의 일이 작은 것이라고 하면 무엇이 큰 것이겠는가?"[15]

子路曾晳冉有公西華侍坐. 子曰 以吾一日長乎爾, 毋吾以也.

居則曰 不吾知也, 如或知爾, 則何以哉?

子路率爾而對曰 千乘之國, 攝乎大國之間, 加之以師旅,

因之以饑饉. 由也爲之, 比及三年, 可使有勇, 且知方也.

◆ ◆ ◆

15) 공자는 네 사람의 뜻을 평가하고 있다. 공자는 자로, 염구, 공서화가 모두 나라를 다스리는 벼슬을 할 만한 충분한 역량을 갖추고 있다고 생각했다. 하지만 나라를 다스리는 핵심이 예악인데 군사·경제적인 측면만 말하고 있으므로 자로를 비판했다. 공자는 이들 세 명의 제자보다는 따뜻한 봄날 언덕에서 시원한 바람을 쐬고 글과 노래를 읊겠다는 증석과 동행하겠다고 말했다. 정치적 포부보다는 동학들과 유유자적하면서 배움의 즐거움을 누리겠다는 뜻이다.

夫子哂之. 求! 爾何如? 對曰 方六七十, 如五六十, 求也爲之,

比及三年, 可使足民. 如其禮樂, 以俟君子. 赤!

爾何如? 對曰 非曰能之, 願學焉. 宗廟之事, 如會同, 端章甫,

願爲小相焉. 點! 爾何如? 鼓瑟希, 鏗爾, 舍瑟而作.

對曰 異乎三子者之撰. 子曰 何傷乎? 亦各言其志也.

曰 莫春者, 春服旣成. 冠者五六人, 童子六七人, 浴乎沂, 風乎舞雩,

詠而歸. 夫子喟然歎曰 吾與點也! 三子者出, 曾晳後.

曾晳曰 夫三子者之言何如? 子曰 亦各言其志也已矣.

曰 夫子何哂由也? 曰 爲國以禮, 其言不讓, 是故哂之.

唯求則非邦也與? 安見方六七十 如五六十而非邦也者?

唯赤則非邦也與? 宗廟會同, 非諸侯而何? 赤也爲之小, 孰能爲之大?

자로증석염유공서화시좌 자왈 어오일일장호이 무오이야

거즉왈 불오지야 여혹지이 즉하이재

자로솔이이대왈 천승지국 섭호대국지간 가지이사려

인지이기근 유야위지 비급삼년 가사유용 차지방야

부자신지 구 이하여 대왈 방육칠십 여오륙십 구야위지

비급삼년 가사족민 여기예악 아사군자 적

이하여 대왈 비왈능지 원학언 종묘지사 여회동 단장보

원위소상언 점 이하여 고슬희 갱이 사슬이작

대왈 이호삼자자지찬 자왈 하상호 역각언기지야

230

왈 모춘자 춘복기성 관자오륙인 동자육칠인 육호기 풍호무우

영이귀 부자위연탄왈 오여점야 삼자자출 증석후

증석왈 부삼자자지언하여 자왈 역각언기지야이의

왈 부자하신유야 왈 위국이례 기언불양 시고신지

유구즉비방야여 안견방륙칠십 여오륙십이비방야자

유적즉비방야여 종묘회동 비제후이하 적야위지소 숙능위지대

| 제 12 편 | 안연 顔淵

◆ 12-1

안연이 인(仁)에 대해 물었다. 공자가 말했다.

"자신을 극복하여 예로 돌아가는 것이 인이다. 하루라도 자신을 극복하여 예로 돌아갈 수 있다면 천하가 모두 인으로 돌아간다. 인을 실천하는 것은 자신에게 달려 있지 다른 사람으로 인해 실천할 수 있겠는가?"

안연이 다시 물었다.

"그 구체적인 방법을 묻고자 합니다."

공자가 말했다.

"예가 아니면 보지 말고, 예가 아니면 듣지 말고, 예가 아니면 말하지 말고, 예가 아니면 행하지 말라."

안연이 대답하여 말했다.

"제가 비록 똑똑하지는 못하지만 이 말을 정성을 다해 실천하겠습니다."

顏淵問仁. 子曰 克己復禮爲仁. 一日克己復禮, 天下歸仁焉.

爲仁由己, 而由人乎哉? 顏淵曰 請問其目. 子曰

非禮勿視, 非禮勿聽, 非禮勿言, 非禮勿動.

顏淵曰 回雖不敏, 請事斯語矣.

안연문인 자왈 극기복례위인 일일극기복례 천하귀인언

위인유기 이유인호재 안연왈 청문기목 자왈

비례물시 비례물청 비례물언 비례물동

안연왈 회수불민 청사사어의

◆ 12 - 2

중궁이 인에 대해 물었다. 공자가 말했다.

"집 문을 나가서는 큰 손님을 뵙는 듯이 하고, 백성을 부릴 때는 큰 제사를 받들 듯이 하라. 내가 원하지 않는 것을 남에게 베풀지 말라. 그렇게 하면 나라에서도 원망 받지 않고 집에서도 원망 받지 않을 것이다."

중궁이 대답했다.

"제가 비록 똑똑하지는 못하지만 그 말씀을 정성을 다해 실천하겠습니다."

仲弓問仁. 子曰 出門如見大賓, 使民如承大祭. 己所不欲, 勿施於人.

在邦無怨, 在家無怨. 仲弓曰 雍雖不敏, 請事斯語矣.

중궁문인 자왈 출문여견대빈 사민여승대제 기소불욕 물시어인

재방무원 재가무원 중궁왈 옹수불민 청사사어의

◆ 12-3

사마우(司馬牛)[1]가 인에 대해 물었다. 공자가 말했다.

"인(仁)한 사람은 말을 함부로 하지 않는다."

사마우가 물었다.

"말을 함부로 하지 않으면 곧 인하다고 말할 수 있습니까?"

공자가 대답하여 말했다.

"인을 실천하기가 어려운데 말하는 것이 어찌 어렵지 않겠는가?"

司馬牛問仁. 子曰 仁者其言也訒. 曰 其言也訒, 斯謂之仁已乎?

子曰 爲之難, 言之得無訒乎?

사마우문인 자왈 인자기언야인 왈 기언야인 사위지인의호

자왈 위지난 언지득무인호

◆ ◆ ◆

1) 사마우(司馬牛)는 공자의 제자로 성(姓)은 사마(司馬)이고 이름은 경(耕)이며, 자(字)는 자우(子牛)이다. 송나라 사람이라 전해진다. 공안국은 사마우에 대해 송나라에서 공자를 죽이려 했던 환퇴(桓魋)의 동생으로 형이 항상 난을 일으키므로 걱정한 것이라 주장했다. 주희 또한 이 설을 따르고 있다. 하지만 양백준(楊伯俊)은 공자의 제자 사마우는 이름이 경(耕)이고, 환퇴의 동생 이름은 리(犁)로 다른 인물이라고 말했다.

◆ 12 -4

사마우가 군자에 대해 물었다. 공자가 말했다.

"군자는 근심하지 않고 두려워하지 않는다."

사마우가 물었다.

"근심하지 않고 두려워하지 않으면 곧 군자라고 할 수 있습니까?"

공자가 말했다.

"안으로 살펴 잘못이 없으니 무엇을 근심하고 무엇을 두려워하겠는가?"

司馬牛問君子. 子曰 君子不憂不懼. 曰 不憂不懼, 斯謂之君子已乎?

子曰 內省不疚, 夫何憂何懼?

사마우문군자 자왈 군자불우불구 왈 불우불구 사위지군자이호

자왈 내성불구 부하우하구

◆ 12 -5

사마우가 근심하면서 말했다.

"사람들은 모두 형제가 있는데 나만 홀로 없게 되겠구나."

자하가 말했다.

"내가 듣기로 삶과 죽음은 운명에 달려 있고, 부귀는 하늘에 달려 있습니다. 군자가 공경하여 실수하지 않고, 다른 사람과 함께할 때 공손하고 예를 지키면 세상의 모든 사람이 형제입니다. 군자가 어찌 형제가 없는 것을 걱정하겠습니까?"

司馬牛憂曰 人皆有兄弟, 我獨亡. 子夏曰 商聞之矣
死生有命, 富貴在天. 君子敬而無失, 與人恭而有禮.
四海之內, 皆兄弟也. 君子何患乎無兄弟也?
사마우우왈 인개유형제 아독무 자하왈 상문지의
사생유명 부귀재천 군자경이무실 여인공이유례
사해지내 개형제야 군자하환호무형제야

◆ 12-6
자장이 '밝음'에 대해 물었다. 공자가 말했다.
"물이 서서히 스며드는 것 같은 헐뜯는 말과 피부에 느껴지는 것 같은 하소연이 통하지 않는다면 밝다고 말할 수 있다. 물이 서서히 스며드는 것 같은 헐뜯는 말과 피부에 느껴지는 것과 같은 하소연이 통하지 않는다면 밝음이 심오한 경지에 이르렀다고 말할 수 있다."

子張問明. 子曰 浸潤之譖, 膚受之愬, 不行焉, 可謂明也已矣.

浸潤之譖膚受之愬不行焉, 可謂遠也已矣.

자장문명 자왈 침윤지참 부수지소 불행언 가위명야이의

침윤지참부수지소불행언 가위원야이의

◆ 12-7

자공이 정치에 대해 물었다. 공자가 말했다.

"식량을 풍족하게 하고, 병력을 넉넉하게 하며 백성들에게 신뢰를 얻는 것이다."

자공이 말했다.

"반드시 부득이하게 하나를 버려야 한다면 이 세 가지 중에서 무엇을 먼저 버려야 합니까?"

공자가 말했다.

"병력을 버려야 한다."

자공이 또 물었다.

"반드시 부득이하게 하나를 버려야 한다면 두 가지 중에 무엇을 먼저 버려야 합니까?"

공자가 말했다.

"식량을 버려야 한다. 예로부터 모두에게 죽음은 있었지만,

백성이 신뢰하지 않으면 정권이 존립하지 못한다."

子貢問政. 子曰 足食. 足兵. 民信之矣. 子貢曰 必不得已而去,
於斯三者何先? 曰 去兵. 子貢曰 必不得已而去,
於斯二者何先? 曰 去食. 自古皆有死, 民無信不立.
자공문정 자왈 족식 족병 민신지의 자공왈 필부득이이거
어사삼자하선 왈 거병 자공왈 필부득이이거
어사이자하선 왈 거식 자고개유사 민무신불립

◆12-8

위나라 대부 극자성(棘子成)[2]이 말했다.

"군자는 질박할 뿐 어찌 꾸미기를 하겠는가?"

자공이 말했다.

"애석하군요! 선생이 군자에 대해 말하는 것을 들었는데, 네 마리 말이 끄는 수레도 선생의 혀에서 나온 실언을 따라잡지 못할 것입니다. 꾸밈은 질박함과 같고, 질박함은 꾸밈과 같습

◆◆◆

2) 극자성(棘子成)에 대해서는 정현이 위나라 대부라고 말한 것 외에는 알려진 것이 없다.

니다. 호랑이와 표범의 털을 벗긴 가죽은 개나 양의 털을 벗긴
가죽과 같을 것입니다."

棘子成曰 君子質而已矣, 何以文爲?

子貢曰 惜乎! 夫子之說君子也, 駟不及舌. 文猶質也, 質猶文也.

虎豹之鞟猶犬羊之鞟.

극자성왈 군자질이이의 하이문위

자공왈 석호 부자지설군자야 사불급설 문유질야 질유문야

호표지곽유견양지곽

◆ 12 - 9

노나라 애공(哀公)이 유약(有若, 유자)[3]에게 물었다.

"올해는 흉년으로 나라의 재정이 부족하니 어떻게 해야 하
는가?"

유약이 대답했다.

◆ ◆ ◆

3) 공자의 제자로 성(姓)은 유(有)이고 이름은 약(若)이며, 자(字)는 자유(子有)이
다. 노나라 사람으로 공자보다 36세 연하이다. 공자가 죽은 후에 제자들은 유약
의 모습이 공자와 닮았다고 하여 공자를 모시듯 유약을 모셨다고 한다.

"어찌 10분의 1 세법을 쓰지 않으십니까?"

애공이 말했다.

"10분의 2 세법도 내게는 오히려 부족한데 어찌 10분의 1 세법을 쓰겠는가?"

유약이 대답했다.

"백성이 풍족하다면 임금께서는 누구와 더불어 부족하겠습니까? 백성이 부족하다면 임금께서는 누구와 더불어 풍족할 수 있겠습니까?"

哀公問於有若曰 年饑, 用不足, 如之何? 有若對曰 盍徹乎?

曰 二, 吾猶不足, 如之何其徹也? 對曰 百姓足, 君孰與不足?

百姓不足, 君孰與足?

애공문어유약왈 연기 용부족 여지하 유약대왈 합철호

왈 이 오유부족 여지하기철야 대왈 백성족 군숙여부족

백성부족 군숙여족

◆ 12 - 10

자장이 덕을 높이고 미혹됨을 분별하는 방법에 대해 물었다. 공자가 말했다.

"충직하고 신뢰 있게 하고, 의를 실천하는 것이 덕을 높이는 일이다. 좋아하면 살기를 바라고, 싫어하면 죽기를 바란다. 살기를 바라고 또 죽기를 바란다면 그것이 바로 미혹됨이다. '진실로 부자가 되지 못하고 또한 다만 이상하게 여겨질 뿐이다.'⁴⁾"

子張問崇德辨惑. 子曰 主忠信, 徙義, 崇德也.
愛之欲其生, 惡之欲其死. 旣欲其生, 又欲其死, 是惑也.
誠不以富, 亦祇以異.
자장문숭덕변혹 자왈 주충신 사의 숭덕야
애지욕기생 오지욕기사 기욕기생 우욕기사 시혹야
성불이부 역지이이

◆ 12 - 11
제나라 경공(景公)⁵⁾이 공자에게 정치에 대해 물었다. 공자가 대답하여 말했다.
"임금이 임금답고, 신하가 신하답고, 아버지가 아버지답고, 자식이 자식다워야 합니다."
경공이 말했다.

"좋습니다. 진실로 임금이 임금답지 못하고, 신하가 신하답지 못하고, 아버지가 아버지답지 못하고, 자식이 자식답지 못하면 비록 곡식을 가지고 있더라도 내가 어찌 그것을 먹을 수 있겠습니까?"

齊景公問政於孔子. 孔子對曰 君君, 臣臣, 父父, 子子.
公曰 善哉! 信如君不君, 臣不臣, 父不父, 子不子,
雖有粟, 吾得而食諸?
제경공문정어공자 공자대왈 군군 신신 부부 자자
공왈 선재 신여군불군 신불신 부불부 자부자
수유속 오득이식저

◆ ◆ ◆

4) 이 시는 《시경》〈소아(小雅)·아행기야(我行其野)〉에 나온다. 정이천은 이 시가 문맥상 잘 안 맞으므로 〈계씨〉 12장의 앞으로 가야 한다고 주장했다. 이와 달리 정현은 이 시에 나오는 '이(異)' 자의 의미를 취하여 '미혹함'이란 내면적인 덕을 풍요롭게 하지 못하고 기이함만을 추구하는 것으로 해석했다.
5) 경공(景公)은 제나라의 제후로, 영공(靈公)의 아들이고 이름은 저구(杵臼)이며 재위 기간이 58년이나 되었다. 공안국은 당시 제나라가 진항(陳恒)이 전횡하고 있기 때문에 공자가 정명론을 말해준 것으로 해석했다.

◆ 12 - 12

공자가 말했다.

"한마디 말로 옥사(獄事)를 판결할 수 있는 사람은 유(由, 자로)일 것이다."

자로는 승낙한 것을 실천하는 데 머뭇거림이 없었다.

子曰 片言可以折獄者, 其由也與? 子路無宿諾.

자왈 편언가이절옥자 기유야여 자로무숙낙

◆ 12 - 13

공자가 말했다.

"송사를 듣고 판단하는 일에서는 나도 다른 사람과 같지만, 반드시 송사가 일어나지 않게 정치를 잘해야 한다."

子曰 聽訟, 吾猶人也, 必也使無訟乎!

자왈 청송 오유인야 필야사무송호

◆ 12-14

자장이 정치에 대해 물었다. 공자가 말했다.

"관직에 있을 때는 게을리하지 않고, 정치를 행할 때는 충직하게 해야 한다."

子張問政. 子曰 居之無倦, 行之以忠.

자장문정 자왈 거지무권 행지이충

◆ 12-15

공자가 말했다.

"글을 널리 배우고 예로써 단속하면, 또한 도에 어긋나지 않을 것이다."

子曰 博學於文, 約之以禮, 亦可以弗畔矣夫!

자왈 박학어문 약지이례 역가이불반의부

◆ 12 - 16

공자가 말했다.

"군자는 남의 아름다움을 완성하게 하고, 남의 추함을 이루지 못하게 한다. 소인은 이와 반대이다."

子曰 君子成人之美, 不成人之惡. 小人反是.

자왈 군자성인지미 불성인지악 소인반시

◆ 12 - 17

노나라 대부 계강자(季康子)가 공자에게 정치에 대해 물었다. 공자가 대답하여 말했다.

"정치란 바르게 하는 것입니다. 선생께서 바름으로써 솔선수범하면 누가 감히 바르지 않을 수 있겠습니까?"

季康子問政於孔子. 孔子對曰 政者, 正也. 子帥以正, 孰敢不正?

계강자문정어공자 공자대왈 정자 정야 자수이정 숙감부정

◆ 12 - 18

계강자가 도둑을 걱정하면서 공자에게 물었다. 공자가 대답
했다.

"진실로 선생께서 욕심을 부리지 않는다면 비록 상을 주더
라도 백성은 도둑질을 하지 않을 것입니다."

季康子患盜, 問於孔子. 孔子對曰 苟子之不欲, 雖賞之不竊.
계강자환도 문어공자 공자대왈 구자지불욕 수상지부절

◆ 12 - 19

계강자가 공자에게 정치에 대해 물었다.

"무도한 자를 죽여 백성을 도(道)가 있는 곳으로 나아가게
한다면 어떻습니까?"

공자가 대답했다.

"선생께서는 정치를 하는데 어찌 사형의 형벌을 쓴단 말입
니까? 선생께서 선을 원하면 백성들도 선해집니다. 군자의 덕
은 바람이고 소인의 덕은 풀과 같습니다. 풀 위에 바람이 불면
풀은 반드시 눕습니다."

季康子問政於孔子曰 如殺無道, 以就有道, 何如?

孔子對曰 子爲政, 焉用殺? 子欲善, 而民善矣.

君子之德風, 小人之德草. 草上之風, 必偃.

계강자문정어공자왈 여살무도 이취유도 하여

공자대왈 자위정 언용살 자욕선 이민선의

군자지덕풍 소인지덕초 초상지풍 필언

◆ 12-20

자장이 물었다.

"선비가 어떻게 하면 통달했다고 말할 수 있습니까?"

공자가 말했다.

"네가 말하는 통달함이란 무엇이냐?"

자장이 대답하여 말했다.

"나라에 있어서도 반드시 널리 알려지고, 집에 있어서도 반드시 널리 알려지는 것입니다."

공자가 말했다.

"그것은 유명한 것이지 통달한 것이 아니다. 통달이란 질박하면서 정직하고 의를 좋아하며, 말을 잘 살피고 얼굴빛을 잘 관찰하여 사려 깊게 다른 사람에게 겸손한 것이다. 나라에 있

어서도 반드시 통달하고 집에 있어서도 반드시 통달한 것이
다. 유명함이란 얼굴빛은 인(仁)한 모습을 취하지만 행동은 어
긋나고, 거처하면서 자신이 옳다고 생각하여 스스로를 의심하
지 않는 것이다. 나라에 있어서도 반드시 유명하고 집에서도
반드시 유명한 것이다."

子張問 士何如斯可謂之達矣? 子曰 何哉, 爾所謂達者?

子張對曰 在邦必聞, 在家必聞. 子曰 是聞也, 非達也.

夫達也者, 質直而好義, 察言而觀色, 慮以下人.

在邦必達, 在家必達. 夫聞也者, 色取仁而行違, 居之不疑.

在邦必聞, 在家必聞.

자장문 사하여사가위지달의 자왈 하재 이소위달자

자장대왈 재방필문 재가필문 자왈 시문야 비달야

부달야자 질직이호의 찰언이관색 여이하인

재방필달 재가필달 부문야자 색취인이행위 거지불의

재방필문 재가필문

◆ 12 - 21

번지(樊遲)가 노나라 무우(舞雩) 언덕에서 한가로이 노닐면서
물었다.

"덕을 숭상하고 사특함을 다스리고 미혹을 분별하는 것에
대해 감히 묻습니다."

공자가 말했다.

"좋은 질문이구나! 일하는 것을 먼저 하고 보상을 뒤로 미
루는 것이 덕을 숭상하는 것이 아니겠는가? 자신의 악함을
다스리고 다른 사람의 악함을 다스리지 않는 것이 사특함을
다스리는 것이 아니겠는가? 하루아침의 분노로 자기 자신을
잊어버리고 그 화가 부모에게 미치는 것이 미혹한 것이 아니겠
는가?"

樊遲從遊於舞雩之下, 曰 敢問崇德脩慝辨惑.

子曰 善哉問! 先事後得, 非崇德與? 攻其惡, 無攻人之惡,

非脩慝與? 一朝之忿, 忘其身, 以及其親, 非惑與?

번지종유어무우지하 왈 감문숭덕수특변혹

자왈 선재문 선사후득 비숭덕여 공기악 무공인지악

비수특여 일조지분 망기신 이급기진 비혹여

번지가 인(仁)에 대해 물었다. 공자가 말했다.

"사람을 사랑하는 것이다."

번지가 앎에 대해 물었다. 공자가 말했다.

"사람을 아는 것이다."

번지가 잘 이해하지 못하자 공자가 다시 말했다.

"정직한 사람을 등용하여 비뚤어진 사람 위에 두면 비뚤어진 사람을 정직하게 만들 수 있다."

번지가 물러나 자하를 만나 말했다.

"지난번에 내가 선생님을 뵈었을 때 앎에 대해 여쭈었는데, 선생님께서 말씀하시기를 '정직한 사람을 등용하여 비뚤어진 사람 위에 두면 비뚤어진 사람을 정직하게 만들 수 있다'고 하셨는데 무슨 뜻입니까?"

자하가 말했다.

"풍성하구나, 그 말씀이여! 순(舜)임금이 천하를 다스림에 사람들 가운데서 고요(皐陶)[6]를 등용하니 어질지 못한 사람들이 멀어졌다. 탕(湯)임금이 천하를 다스릴 때 대중 가운데서

◆ ◆ ◆

6) 고요(皐陶)는 순임금 때 법을 담당하는 사사(士師)가 되어 맡은 일을 잘 처리했다.

이윤(伊尹)[7]을 등용하니 어질지 못한 사람들이 멀어졌다."

樊遲問仁. 子曰 愛人. 問知. 子曰 知人. 樊遲未達.

子曰 擧直錯諸枉, 能使枉者直. 樊遲退, 見子夏. 曰 鄉也

吾見於夫子而問知, 子曰, 擧直錯諸枉, 能使枉者直, 何謂也?

子夏曰 富哉言乎! 舜有天下, 選於衆, 擧皐陶,

不仁者遠矣. 湯有天下, 選於衆, 擧伊尹, 不仁者遠矣.

번지문인 자왈 애인 문지 자왈 지인 번지미달

자왈 거직조저왕 능사왕자직 번지퇴 견자하 왈 향야

오견어부자이문지 자왈 거직조저왕 능사왕자직 하위야

자하왈 부재언호 순유천하 선어종 거고요

불인자원의 탕유천하 선어중 거이윤 불인자원의

◆ 12 - 23

자공이 친구를 사귐에 대해 물었다. 공자가 말했다.

"충심으로 말해주고 잘 이끌어주며, 듣지 않으면 그만두어

◆ ◆ ◆

7) 이윤(伊尹)은 은나라 탕왕의 재상으로 성(姓)은 이(伊)이고 이름은 지(摯)이며
윤(尹)은 관직 명칭이다.

자신을 욕되게 하지 말라."

子貢問友. 子曰 忠告而善道之, 不可則止, 無自辱焉.
자공문우 자왈 충고이선도지 불가즉지 무자욕언

◆ 12 - 24

증자가 말했다.

"군자는 학문으로 친구를 모으고, 친구로 인을 보완한다."

曾子曰 君子以文會友, 以友輔仁.
증자왈 군자이문회우 이우보인

| 제 13 편 | 자로 子路

◆ 13 - 1

자로가 정치에 대해 물었다. 공자가 말했다.

"솔선수범하고, 힘써 일하라."

자로가 더 가르쳐주기를 청했다. 공자가 말했다.

"이 두 가지를 게을리하지 말아야 한다."

子路問政. 子曰 先之, 勞之. 請益. 曰 無倦.

자로문정 자왈 선지 로지 청익 왈 무권

◆ 13 - 2

중궁이 노나라 대부 계씨(季氏) 집안의 가신(家臣)이 되어 정치에 대해 물었다. 공자가 말했다.

"먼저 관리들의 능력에 맞게 일을 맡기고, 작은 실수는 용서하고, 현명하고 재능 있는 자를 등용해야 한다."

중궁이 물었다.

"현명하고 재능 있는 자를 어떻게 알아보고 등용할 수 있습니까?"

공자가 말했다.

"네가 아는 현명하고 재능 있는 자를 등용하면, 네가 알지 못하는 현명하고 재능 있는 자를 사람들이 내버려두겠는가?"

仲弓爲季氏宰, 問政. 子曰 先有司, 赦小過, 擧賢才.

曰 焉知賢才而擧之? 曰 擧爾所知. 爾所不知, 人其舍諸?

중궁위계씨재 문정 자왈 선유사 사소과 거현재

왈 언지현재이거지 왈 거이소지 이소부지 인기사저

◆ 13 - 3

자로가 말했다.

"위나라 임금이 선생님을 모시고 정치를 한다면 선생님께서
는 무엇을 먼저 하시겠습니까?"

공자가 말했다.

"반드시 이름을 바로잡을 것이다."

자로가 말했다.

"어떻게 그렇게 할 수 있겠습니까, 선생님의 생각은 현실과
거리가 멉니다. 어찌 이름을 바로잡겠다고 하십니까?"

공자가 말했다.

"비루하구나, 유(由, 자로)야! 군자는 자기가 알지 못하는 것
에 대해서는 입을 다문다. 이름이 바르지 않으면 말이 순조롭

지 못하고, 말이 순조롭지 못하면 일이 이루어지지 않는다. 일이 이루어지지 않으면 예악이 일어나지 못하고, 예악이 일어나지 못하면 형벌이 적절하지 않고, 형벌이 적절하지 않으면 백성들이 손발을 둘 곳이 없게 된다. 그러므로 군자는 이름을 바로잡으면 분명히 말할 수 있고, 말할 수 있으면 반드시 실행할 수 있다. 군자는 그 말에 구차함이 없다."

子路曰 衛君待子而爲政, 子將奚先? 子曰 必也正名乎!
子路曰 有是哉, 子之迂也! 奚其正? 子曰 野哉由也!
君子於其所不知, 蓋闕如也. 名不正, 則言不順
言不順, 則事不成. 事不成, 則禮樂不興. 禮樂不興, 則刑罰不中.
刑罰不中, 則民無所措手足. 故君子名之必可言也,
言之必可行也. 君子於其言, 無所苟而已矣.

자로왈 위군대자이위정 자장해선 자왈 필야정명호

자로왈 유시재 자지우야 해기정 자왈 야재유야

군자어기소부지 개궐여야 명부정 즉언불순

언불순 즉사불성 사불성 즉예악불흥 예악불흥 즉형벌부중

형벌부중 즉민무소조수족 고군자명지필가언야

언지필가행야 군자어기언 무소구이이의

◆ 13-4

번지가 곡식 농사일에 대해 배우기를 청했다. 공자가 말했다.

"나는 늙은 농부만 못하다."

번지가 채소 기르는 법을 배우고자 했다. 공자가 말했다.

"나는 늙은 채소 농사꾼만 못하다."

번지가 나갔다. 공자가 말했다.

"소인이구나, 번지는! 통치자가 예를 좋아하면 백성들이 공경하지 않음이 없고, 통치자가 의를 좋아하면 백성들이 복종하지 않음이 없다. 통치자가 신의를 좋아하면 백성들이 진심을 다하지 않음이 없다. 이와 같이 하면 사방의 백성들이 아이들을 포대기에 업고 올 것인데, 농사짓는 법을 어디에 쓰겠는가?"

樊遲請學稼, 子曰 吾不如老農. 請學爲圃.

曰 吾不如老圃. 樊遲出. 子曰 小人哉, 樊須也! 上好禮,

則民莫敢不敬. 上好義, 則民莫敢不服, 上好信, 則民莫敢不用情.

夫如是, 則四方之民襁負其子而至矣, 焉用稼?

번지청학가 자왈 오불여로농 청학위포

왈 오불여로포 번지출 자왈 소인재 번수야 상호례

즉민막감불경 상호의 즉민막감불복 상호신 즉민막감불용정
부여시 즉사방지민강부기자이지의 언용가

◆ 13-5

공자가 말했다.

"시(詩) 삼백 편을 다 외운다 해도 정치를 맡기면 통달하지 못하고, 다른 나라에 사신으로 가서 홀로 잘 응대하지 못하면, 비록 많이 외우고 있다 한들 또한 무슨 소용이 있겠는가?"

子曰 誦詩三百, 授之以政, 不達. 使於四方, 不能專對.

雖多, 亦奚以爲?

자왈 송시삼백 수지이정 부달 시어사방 불능전대

수다 역해이위

◆ 13-6

공자가 말했다.

"다스리는 자의 몸이 바르면 명령을 하지 않아도 실행하고,

다스리는 자의 몸이 바르지 않으면 비록 명령을 내리더라도 따르지 않는다."

子曰 其身正, 不令而行. 其不正, 雖令不從.

자왈 기신정 불령이행 기부정 수령부종

◆13-7

공자가 말했다.

"노나라와 위나라의 정치는 형제 사이처럼 비슷하게 쇠락했다."

子曰 魯衛之政, 兄弟也.

자왈 노위지정 형제야

◆13-8

공자가 위나라 공자(公子) 형(荊)[1]을 평가하여 말했다.

◆ ◆ ◆

1) 형(荊)은 위나라의 대부라는 것 외에 알려진 것이 없다.

"집을 잘 다스렸다. 처음 재산이 생기자 '그런대로 모였다'고 말했고, 조금 더 가지게 되자 '그런대로 갖추어졌다'고 말했다. 부유해지자 '그런대로 아름답다'고 말했다."

子謂衛公子荊, 善居室. 始有, 曰苟合矣.
少有, 曰苟完矣. 富有, 曰苟美矣.
자위위공자형 선거실 시유 왈구합의
소유 왈구완의 부유 왈구미의

◆ 13-9
공자가 위나라로 갈 때 염유가 수레를 몰았다. 공자가 말했다.
"백성들이 많구나!"
염유가 말했다.
"이미 많으면 또 무엇을 해야 합니까?"
공자가 말했다.
"부유하게 해주어야 한다."
염유가 말했다.
"이미 부유하면 또 무엇을 해야 합니까?"

공자가 말했다.

"가르쳐야 한다."

子適衛, 冉有僕. 子曰 庶矣哉! 冉有曰 旣庶矣.
又何加焉? 曰 富之. 曰 旣富矣, 又何加焉? 曰 敎之.
자적위 염유복 자왈 서의재 염유왈 기서의
우하가언 왈 부지 왈 기부의 우하가언 왈 교지

◆ 13 - 10

공자가 말했다.

"만약 나를 등용하는 사람이 있다면 일 년이면 나라를 바
로잡고, 삼 년이면 나라를 완성할 수 있다."

子曰 苟有用我者. 朞月而已可也, 三年有成.
자왈 구유용아자 기월이이가야 삼년유성

◆ 13 - 11

공자가 말했다.

"선한 사람이 나라를 백 년 동안 다스리면 잔악함을 이기고 사형을 없앨 수 있다'는 옛말은 진실로 옳은 말이다."

子曰 善人爲邦百年, 亦可以勝殘去殺矣. 誠哉是言也!

자왈 선인위방백년 역가이승잔거살의 성재시언야

◆ 13-12

공자가 말했다.

"이상적인 도덕성을 가진 왕이 있다 하더라도 반드시 한 세대 후에야 인이 이루어질 것이다."

子曰 如有王者, 必世而後仁.

자왈 여유왕자 필세이후인

◆ 13-13

공자가 말했다.

"다스리는 자가 몸을 바르게 하면 정치를 하는 데 무슨 어려움이 있겠는가? 몸을 바르게 하지 못한다면 어떻게 다른 사람을 바르게 할 수 있겠는가?"

子曰 苟正其身矣, 於從政乎何有? 不能正其身, 如正人何?
자왈 구정기신의 어종정호하유 불능정기신 여정인하

◆ 13-14

염자(冉子, 염구)가 조정에서 돌아왔다. 공자가 말했다.
"무엇 때문에 늦었느냐?"
염자가 대답하여 말했다.
"정치적 업무가 있었습니다."
공자가 말했다.
"사적인 일이었을 것이다. 만약 정치적 업무가 있었다면 비
록 내가 등용되어 있지는 않지만 나도 함께 그 일을 들었을 것
이다."

冉子退朝. 子曰 何晏也? 對曰 有政. 子曰 其事也.
如有政, 雖不吾以, 吾其與聞之.
염자퇴조 자왈 하안야 대왈 유정 자왈 기사야
여유정 수불오이 오기여문지

◆ 13 - 15

노나라 정공(定公)이 물었다.

"한마디 말로 나라를 흥하게 할 수 있다고 하는데 그런 말이 있습니까?"

공자가 대답하여 말했다.

"말은 그와 같은 효과를 기대할 수 없습니다. 사람들이 '임금 노릇하기가 어렵고, 신하 노릇하기가 쉽지 않다'고 말합니다. 만약 임금 노릇하는 일의 어려움을 안다면 한마디 말로 나라를 흥하게 하는 것을 기대할 수 있지 않겠습니까?"

정공이 물었다.

"한마디 말로 나라를 잃는다고 하는데 그런 말이 있습니까?"

공자가 대답하여 말했다.

"말은 그와 같이 효과를 기대할 수 없습니다. 사람들이 '나는 임금 노릇하는 것을 즐거워하지 않고, 다만 내가 말하면 어기지 않는 것이 즐겁다'고 말합니다. 만약 말이 선하여 어기지 않는다면 또한 좋지 않겠습니까? 그러나 만약 선하지 않은데 그 말을 어기지 않는다면 한마디 말로 나라를 잃지 않겠습니까?"

定公問 一言而可以興邦, 有諸? 孔子對曰 言不可以若是其幾也.

人之言曰, 爲君難, 爲臣不易. 如知爲君之難也,

不幾乎一言而興邦乎? 曰 一言而喪邦, 有諸?

孔子對曰 言不可以若是其幾也. 人之言曰, 予無樂乎爲君,

唯其言而莫予違也. 如其善而莫之違也, 不亦善乎?

如不善而莫之違也, 不幾乎一言而喪邦乎?

정공문 일언이가이흥방 유저 공자대왈 언불가이약시기기야

인지언왈 위군난 위신불이 여지위군지난야

불기호일언이흥방호 왈 일언이상방 유저

공자대왈 언불가이약시기기야 인지언왈 여무락호위군

유기언이막여위야 여기선이막지위야 불역선호

여불선이막지위야 불기호일언이상방호

◆ 13 - 16

초나라 섭공(葉公)[2]이 정치에 대해 물었다. 공자가 말했다.

"가깝게 있는 사람을 기쁘게 하여 멀리 있는 사람을 오게

◆ ◆ ◆

2) 섭공(葉公)은 심제량(沈諸梁)으로 자(字)는 자고(子高)이다. 초나라의 중신(重臣)으로 섭(葉) 땅의 장관이었다.

한다."

葉公問政. 子曰 近者說, 遠者來.
섭공문정 자왈 근자열 원자래

◆13-17

자하(子夏)가 노나라 거보(莒父)의 현령이 되어 정치에 대해
물었다. 공자가 말했다.

"빨리 성과를 내려 하지 말고, 작은 이익을 탐내지 말라. 빨
리 성과를 내고자 하면 통달하지 못하고, 작은 이익을 탐내면
큰일을 이루지 못한다."

子夏爲莒父宰, 問政. 子曰 無欲速, 無見小利. 欲速, 則不達.
見小利, 則大事不成.
자하위거보재 문정 자왈 무욕속 무견소리 욕속 즉부달
견소리 즉대사불성

◆ 13-18

섭공이 공자에게 말했다.

"나와 친한 무리 중에 정직한 사람이 있습니다. 그의 아버지
가 양을 훔쳤는데, 아들이 그 일을 증언했습니다."

공자가 말했다.

"나와 친한 무리 중의 정직한 사람은 그와 다릅니다. 아버지
는 자식을 위해 숨겨주고, 자식은 아버지를 위해 숨겨줍니다.
정직함은 그 가운데 있습니다."[3]

葉公語孔子曰 吾黨有直躬者, 其父攘羊, 而子證之.

孔子曰 吾黨之直者異於是. 父爲子隱, 子爲父隱, 直在其中矣.

섭공어공자왈 오당유직궁자 기부양양 이자증지

공자왈 오당지직자이어시 부위자은 자위부은 직재기중의

◆◆◆

3) 섭공과 공자는 '정직함'의 뜻을 다르게 생각하고 있다. 섭공은 법적, 외재적, 형
식적 측면의 정직함을 말하고 있다. 공자는 인(仁)의 측면에서 부모와 자식 간의
사랑을 말하고 있다. 공자는 자식이 부모를 숨겨주고 부모가 자식을 숨겨주는 것
은 자연스러운 감정이고, 이런 감정의 발현을 실천하는 것이야말로 정직함이라고
주장하고 있다.

◆ 13-19

번지가 인에 대해 물었다. 공자가 말했다.

"평소 생활할 때는 공손하고, 일을 처리할 때는 공경하는 마음으로 하고, 사람들과 사귈 때는 진심을 다한다. 비록 오랑캐의 나라에 가더라도 이 덕목을 버려서는 안 된다."

樊遲問仁. 子曰 居處恭, 執事敬, 與人忠. 雖之夷狄, 不可棄也.
번지문인 자왈 거처공 집사경 여인충 수지이적 불가기야

◆ 13-20

자공이 물었다.

"어떻게 하면 선비라고 말할 수 있습니까?"

공자가 말했다.

"자신의 행동을 부끄러워할 줄 알고, 다른 나라에 사신으로 가서 임금의 명(命)을 욕되게 하지 않는다면 선비라고 말할 만하다."

자공이 말했다.

"감히 그 아래 수준에 대해 묻겠습니다."

공자가 말했다.

"집안 사람들이 효자라고 칭찬하고, 마을 사람들이 우애가
있다고 칭찬하는 사람이다."

자공이 말했다.

"감히 그 아래 수준에 대해 묻겠습니다."

공자가 말했다.

"말은 반드시 믿을 만하고, 행동은 반드시 과단성 있으며,
융통성 없는 소인이지만 또한 그 아래 수준의 사람이라 할 수
있다."

자공이 말했다.

"오늘날 정치에 종사하는 사람은 어떻습니까?"

공자가 말했다.

"아! 도량이 좁은 인간들이니 어찌 헤아릴 것이 있겠느냐."

子貢問曰 何如斯可謂之士矣? 子曰 行己有恥, 使於四方, 不辱君命,

可謂士矣. 曰 敢問其次. 曰 宗族稱孝焉, 鄕黨稱弟焉.

曰 敢問其次. 曰 言必信, 行必果, 硜硜然小人哉! 抑亦可以爲次矣.

曰 今之從政者何如? 子曰 噫! 斗筲之人, 何足算也.

자공문왈 하여사가위지사의 자왈 행기유치 시어사방 불욕군명

가위사의 왈 감문기차 왈 종족칭효언 향당칭제언

왈 감문기차 왈 언필신 행필과 갱갱연소인재 억역가이위차의

◆ 13-21

공자가 말했다.

"중용의 도를 실천하는 사람과 함께할 수 없다면 반드시 뜻이 높은 사람이나 지조를 굳게 지키는 사람과 함께할 것이다. 뜻이 높은 사람은 진취적이고, 지조를 굳게 지키는 사람은 하지 않는 것이 있다."

子曰 不得中行而與之, 必也狂狷乎! 狂者進取, 狷者有所不爲也.
자왈 부득중행이여지 필야광견호 광자진취 견자유소불위야

◆ 13-22

공자가 말했다.

"남쪽 나라 사람들 말에 '사람이 한결같은 마음이 없으면 무당이나 의사도 치료할 수 없다'는 말이 있는데 좋은 말이다. '그 덕이 한결같지 못하면 혹 수치를 당할 수 있다'[4]는 말이 있다."

공자가 말했다.

"덕이 한결같지 못하면 점을 칠 수도 없다."[5]

子曰 南人有言曰 人而無恒, 不可以作巫醫. 善夫!

不恒其德, 或承之羞. 子曰 不占而已矣.

자왈 남인유언왈 인이무항 불가이작무의 선부

불항기덕 혹승지수 자왈 부점이이의

◆ 13-23

공자가 말했다.

"군자는 화합하지만 동화되지 않고, 소인은 동화되지만 화합하지 않는다."

子曰 君子和而不同, 小人同而不和.

자왈 군자화이부동 소인동이불화

◆ ◆ ◆

4) 《주역》〈항괘(恒卦)〉 구삼(九三)의 효사이다.
5) 정현은 '덕이 한결같지 않은 사람'을 점을 치는 대상으로 보았다. 이와 달리 김용옥은 점을 치는 주체로 해석했다.

◆13-24

자공이 물었다.

"마을 사람들이 모두 좋아한다면 그 사람은 어떻습니까?"

공자가 말했다.

"좋지 않다."

자공이 물었다.

"마을 사람들이 모두 싫어한다면 그 사람은 어떻습니까?"

공자가 말했다.

"좋지 않다. 마을 사람들 가운데 선한 사람이 좋아하고 선하지 않은 사람이 싫어하는 것만 같지 못하다."

子貢問曰 鄕人皆好之, 何如? 子曰 未可也. 鄕人皆惡之, 何如?

子曰 未可也. 不如鄕人之善者好之, 其不善者惡之.

자공문왈 향인개호지 하여 자왈 미가야 향인개오지 하여

자왈 미가야 불여향인지선자호지 기불선자오지

◆13-25

공자가 말했다.

"군자는 모시기는 쉽지만 기쁘게 하기는 어렵다. 기쁘게 할 때 도(道)로써 하지 않으면 기뻐하지 않는다. 군자는 사람을 부릴 때 능력에 맞게 한다. 소인은 모시기는 어렵고 기뻐하게 하기는 쉽다. 기뻐하게 할 때 도(道)로써 하지 않아도 기뻐한다. 소인은 사람을 부릴 때 모든 능력을 갖추고 있기를 요구한다."

子曰 君子易事而難說也. 說之不以道, 不說也. 及其使人也, 器之.
小人難事而易說也. 說之雖不以道, 說也. 及其使人也, 求備焉.
자왈 군자이사이난열야 열지불이도 불열야 급기사인야 기지
소인난사이이열야 열지수불이도 열야 급기사인야 구비언

◆ 13-26
공자가 말했다.
"군자는 태연하지만 교만하지 않고, 소인은 교만하지만 태연하지 않다."

子曰 君子泰而不驕, 小人驕而不泰.
자왈 군자태이불교 소인교이불태

◆ 13-27

공자가 말했다.

"강인하고, 굳세고, 질박하고, 어눌한 것은 인에 가깝다."

子曰 剛毅木訥, 近仁.

자왈 강의목눌 근인

◆ 13-28

자로가 말했다.

"어떻게 해야 선비라고 말할 수 있습니까?"

공자가 말했다.

"정성을 다하고 상세히 충고해주며, 화합하고 기뻐하면 선비라고 말할 수 있다. 친구들에게는 정성을 다하고 상세히 충고해주고, 형제 사이에는 화합하고 기뻐한다."

子路問曰 何如斯可謂之士矣? 子曰 切切偲偲, 怡怡如也,

可謂士矣. 朋友切切偲偲, 兄弟怡怡.

자로문왈 하여사가위지사의 자왈 절절시시 이이여야

가위사의 붕우절절시시 형제이이

◆ 13-29

공자가 말했다.

"선한 사람이 백성을 칠 년 동안 가르치면 또한 전쟁에 나아가게 할 수 있다."

子曰 善人敎民七年, 亦可以卽戎矣.

자왈 선인교민칠년 역가이즉융의

◆ 13-30

공자가 말했다.

"백성을 가르치지 않고 전쟁에 나아가게 하는 것을 '백성을 내다버리는 것'이라고 한다."

子曰 以不敎民戰, 是謂棄之.

자왈 이불교민전 시위기지

제 14 편 | 헌문 憲問

◆ 14-1

원헌(原憲)[1]이 수치에 대해 물었다. 공자가 말했다.

"나라에 도가 있을 때는 봉급을 받을 수 있다. 하지만 나라에 도가 없는데도 봉급을 받는 것은 수치이다."

憲問恥. 子曰 邦有道, 穀. 邦無道, 穀, 恥也.

헌문치 자왈 방유도 곡 방무도 곡 치야

◆ 14-2

원헌이 말했다.

"이기기를 좋아하고, 자기 공을 자랑하고, 남을 원망하고, 탐내는 짓을 하지 않으면 인(仁)하다고 할 수 있습니까?"

공자가 말했다.

"그렇게 하는 것이 어렵다고 할 수 있지만 인하다고 할 수 있는지는 모르겠다."

◆ ◆ ◆

1) 원헌(原憲)은 공자의 제자로 이름은 원사(原思)이고, 공자보다 36세 연하이며 욕심이 없고 청렴한 사람이었다.

克伐怨欲不行焉, 可以爲仁矣? 子曰 可以爲難矣, 仁則吾不知也.

극벌원욕불행언 가이위인의 자왈 가이위난의 인즉오부지야

◆ 14-3

공자가 말했다.

"선비가 편안함만 생각하면 선비라 할 수 없다."

子曰 士而懷居, 不足以爲士矣.

자왈 사이회거 부족이위사의

◆ 14-4

공자가 말했다.

"나라에 도가 있으면 말을 바르게 하고 행동을 엄정하게 해야 한다. 나라에 도가 없으면 행동을 엄정하게 하고 말을 공손하게 해야 한다."

子曰 邦有道, 危言危行. 邦無道, 危行言孫.

자왈 방유도 위언위행 방무도 위행언손

◆ 14-5

공자가 말했다.

"덕이 있는 사람은 반드시 좋은 말을 하지만 좋은 말을 하는 사람이 반드시 덕이 있는 것은 아니다. 인(仁)한 사람은 반드시 용기가 있지만 용기 있는 사람이 반드시 인한 것은 아니다."

子曰 有德者必有言, 有言者不必有德. 仁者必有勇, 勇者不必有仁.

자왈 유덕자필유언 유언자불필유덕 인자필유용 용자불필유인

◆ 14-6

남궁괄(南宮适)[2]이 공자에게 물었다.

"예(羿)[3]는 활을 잘 쏘았고, 오(奡)[4]는 배를 움직일 정도로 힘이 좋았지만 모두 제명에 죽지 못했습니다. 우(禹)[5]임금과 직(稷)[6]은 몸소 농사를 지었는데 천하를 얻었습니다."

공자가 대답하지 않자, 남궁괄이 밖으로 나갔다. 공자가 말했다.

"군자로구나, 저 사람은! 덕을 숭상하는구나, 저 사람은!"

南宮适問於孔子曰 羿善射, 奡盪舟, 俱不得其死然, 禹稷躬稼,

而有天下. 夫子不答, 南宮适出. 子曰 君子哉若人! 尙德哉若人!

남궁괄문어공자왈 예선사 오탕주 구부득기사연 우직궁가

이유천하 부자부답 남궁괄출 자왈 군자재약인 상덕재약인

◆ 14-7

공자가 말했다.

"군자면서 인하지 못한 사람은 있지만, 소인이면서 인한 사
람은 있을 수 없다."

◆ ◆ ◆

2) 남궁괄(南宮适)에 대해서 공안국(孔安國)은 노나라 대부 남궁경숙(南宮敬叔)
이라 했고, 《사기》〈열전〉에서는 공자가 자기 형의 딸을 시집 보낸 남용(南容)이라
고 했다.

3) 예(羿)는 하나라 유궁국(有窮國)의 제후로 하나라 왕 상(相)을 죽이고 왕위를
찬탈했다. 그 후 그는 자신의 한착(寒浞)에게 살해당했다.

4) 오(奡)는 하나라 한착(寒浞)의 아들로 육지에서 배를 끌고 다닐 정도로 힘이
셌다. 하지만 그는 하나라 상(相)의 아들 소강(小康)에게 죽임을 당했다.

5) 우(禹)임금은 하나라를 세운 왕으로 치수 사업을 잘해 그 공으로 순임금에게
천하를 물려받았다.

6) 직(稷)은 농사짓는 법을 백성들에게 가르쳐주었는데 그의 후손이 주나라를
세운 문왕과 무왕이므로 천하를 소유하게 되었다고 말한 것이다.

子曰 君子而不仁者有矣夫, 未有小人而仁者也.

자왈 군자이불인자유의부 미유소인이인자야

◆14-8

공자가 말했다.

"사랑한다면 그를 수고롭게 하지 않을 수 있겠는가? 충심을
다한다면 그를 가르쳐 알게 하지 않을 수 있겠는가?"

子曰 愛之, 能勿勞乎? 忠焉, 能勿誨乎?

자왈 애지 능물로호 충언 능물회호

◆14-9

공자가 말했다.

"정나라는 외교문서를 만들 때, 비심(裨諶)[7]이 초안을 쓰고,
세숙(世叔)[8]이 검토하고, 외교관 자우(子羽)[9]가 문장을 수식하
고, 동리(東里)에 사는 자산(子産)[10]이 아름답게 다듬었다."[11]

子曰 爲命, 裨諶草創之, 世叔討論之, 行人子羽脩飾之,東里子産潤色之.

자왈 위명 비심초창지 세숙토론지 행인자우수식지

동리자산윤색지

◆14-10

어떤 사람이 정나라 대부 자산(子産)에 대해 물었다. 공자가
말했다.

"백성을 사랑하는 사람이다."

초나라 영윤(令尹)¹²⁾인 자서(子西)¹³⁾에 대해 물었다. 공자가 언
급할 가치가 없다는 듯이 말했다.

"그 사람, 그 사람!"

◆ ◆ ◆

7) 비심(裨諶)은 정나라 대부로 이름은 피(皮)이다.
8) 세숙(世叔)은 정나라 대부 유길(遊吉)인데 뛰어난 문장력으로 유명했다.
9) 자우(子羽)는 정나라 대부 공손휘(公孫揮)이다.
10) 자산(子産)은 정나라 대부로 성(姓)은 공손(公孫)이고 이름은 교(僑)이다. 공
자보다 1세대 빠른 정나라의 명망 높은 정치가였다.
11) 정(鄭)나라에서 외교문서를 작성할 때 네 명의 인물이 참여해 교정했음을 말
하고 있다. 외교문서는 국가 중대사의 하나이므로 나라의 뛰어난 신하들이 작성
하는 데 참여했다.

제나라 대부 관중(管仲)[14]에 대해 물었다. 공자가 말했다.

"훌륭한 사람이다. 백씨(伯氏)[15]의 영지인 병읍(騈邑) 삼백 호를 빼앗았는데, 백씨는 거친 밥을 먹으면서 가난하게 살았지만 죽을 때까지 관중을 원망하는 말을 하지 않았다."

或問子産. 子曰 惠人也. 問子西. 曰 彼哉! 彼哉! 問管仲.
曰 人也. 奪伯氏騈邑三百, 飯疏食, 沒齒無怨言.

혹문자산 자왈 혜인야 문자서 왈 피재 피재 문관중
왈 인야 탈백씨병읍삼백 반소사 몰치무원언

◆ ◆ ◆

12) 영윤(令尹)은 초나라 재상의 관직명이다.
13) 자서(子西)에 대해 마융(馬融)은 정나라 대부 공손하(公孫夏)이거나 초나라 소왕(昭王)의 동생이자 영윤(令尹)인 공자신(公子申)이라고 말했다. 주희는 초나라 공자신(公子申)으로 초나라 소왕이 공자를 등용하려 했을 때 저지시킨 인물이라고 주장했다.
14) 관중(管仲)은 제나라 대부로 성(姓)은 관(管)이고 이름은 이오(夷吾)이며, 자(字)는 중(仲)이다. 관중은 제나라 환공(桓公)을 도와 패권을 잡았다.
15) 백씨(伯氏)는 제나라 대부로 이름은 언(偃)이다.

◆ 14-11

공자가 말했다.

"가난하면서 원망하지 않기는 어렵지만 부유하면서 교만하지 않기는 쉽다."

子曰 貧而無怨難, 富而無驕易.

자왈 빈이무원난 부이무교이

◆ 14-12

공자가 말했다.

"노나라 대부 맹공작(孟公綽)[16]은 조나라와 위나라 같은 대국의 가신(家臣)이 되기에는 넉넉하지만 등(滕)나라와 설(薛)나라 같은 작은 나라의 대부가 될 수는 없다."

子曰 孟公綽爲趙魏老則優, 不可以爲滕薛大夫.

자왈 맹공작위조위로즉우 불가이위등설대부

◆ ◆ ◆

16) 맹공작(孟公綽)은 노나라 대부이지만 상세한 기록은 없다.

◆ 14-13

자로가 완성된 사람에 대해 물었다. 공자가 말했다.

"만약 장무중(臧武仲)[17]과 같은 지혜, 맹공작(孟公綽)과 같은 무욕, 변장자(卞莊子)[18]와 같은 용기, 염구(冉求)와 같은 기예에 예악으로 꾸미면 또한 완성된 사람이라 할 수 있다."

또 공자는 말했다.

"오늘날의 완성된 사람은 어찌 반드시 그러하겠는가? 이익을 보면 의를 생각하고, 위태로운 것을 보면 목숨을 아끼지 않고 도우며, 오랫동안 곤궁한 생활을 하면서도 평소의 약속을 잊지 않는다면 또한 완성된 사람이라 할 수 있다."

子路問成人. 子曰 若臧武仲之知, 公綽之不欲, 卞莊子之勇,

冉求之藝, 文之以禮樂, 亦可以爲成人矣. 曰

今之成人者何必然? 見利思義, 見危授命, 久要不忘平生之言,

亦可以爲成人矣.

◆ ◆ ◆

17) 장무중(臧武仲)은 노나라 대부 장손흘(臧孫紇)로, 당시에 지혜로운 사람이라고 불렸다.
18) 변장자(卞莊子)는 노나라 대부로 변(卞)이라는 곳을 다스리고 있었다. 제나라가 노나라를 치려 해도 그가 무서워 감히 실행하지 못했다고 한다.

자로문성인 자왈 약장무중지지 공작지불욕 변장자지용
염구지예 문지이례악 역가이위성인의 왈
금지성인자하필연 견리사의 견위수명 구요불망평생지언
역가이위성인의

◆ 14-14

공자가 위나라 사람 공명가(公明賈)[19]에게 위나라 대부 공숙
문자(公叔文子)[20]에 대해 물었다.

"진실로 공숙문자는 말하지 않고, 웃지 않고, 재물도 취하
지 않습니까?"

공명가가 대답하여 말했다.

"말한 사람이 지나친 것입니다. 공숙문자는 때에 맞은 후에
말씀을 하시니 사람들이 그의 말을 싫어하지 않고, 즐거워진
후에 웃으니 사람들이 그의 웃음을 싫어하지 않고, 의(義)에
합당한 후에 물건을 취하니 사람들이 그가 취하는 것을 싫어

◆ ◆ ◆

19) 공명가(公明賈)는 위나라 사람으로, 성은 공명(公明)이고, 이름은 가(賈)이다.
20) 공숙문자(公叔文子)는 위나라 대부로 공손발(公孫拔)을 가리킨다. 공손발은
위나라 헌공의 손자이자 위령공의 사촌이며, 당시 위나라 사람들로부터 존경받
던 인물이다.

하지 않습니다."

공자가 말했다.

"그렇습니까? 어떻게 그럴 수 있습니까?"

子問公叔文子於公明賈曰 信乎? 夫子不言不笑不取乎?
公明賈對曰 以告者過也. 夫子時然後言, 人不厭其言
樂然後笑, 人不厭其笑 義然後取, 人不厭其取.
子曰 其然, 豈其然乎?
자문공숙문자어공명가왈 신호 부자불언불소불취호
공명가대왈 이고자과야 부자시연후언 인불염기언
낙연후소 인불염기소 의연후취 인불염기취
자왈 기연 기기연호

◆ 14-15

공자가 말했다.

"노나라 대부 장무중(臧武仲)은 망명 중에도 방읍(防邑)을 근
거지 삼아 노나라에 후계자를 세워줄 것을 요구했는데, 비록
임금을 협박하지 않았다고 말하지만 나는 믿지 못하겠다."

子曰 臧武仲以防求爲後於魯, 雖曰不要君, 吾不信也.

자왈 장무중이방구위후어노 수왈불요군 오불신야

◆ 14-16

공자가 말했다.

"진나라 문공(文公)²¹⁾은 권모술수에 능했지만 정도(正道)로
하지 않았고, 제나라 환공(桓公)²²⁾은 정도(正道)로 했지만 권모
술수에 능하지 않았다."

子曰 晉文公譎而不正, 齊桓公正而不譎.

자왈 진문공휼이부정 제환공정이불휼

◆ ◆ ◆

21) 문공(文公)은 이름이 중이(重耳)이다. 19년 동안의 긴 망명생활 끝에 문공
(文公)으로 등극했다. 춘추시대 오패(五霸) 중의 한 명이었다.
22) 환공(桓公)은 이름이 소백(小白)이다. 동생인 공자규(公子糾)와의 왕위 쟁탈
전에서 승리한 후에 왕위에 올랐으며, 관중을 재상으로 삼아 춘추시대 첫 번째
패자가 되었다.

◆14-17

자로가 말했다.

"제나라 환공이 공자규(公子糾)[23]를 죽였을 때 그를 모시던 소홀(召忽)[24]은 따라 죽었지만 관중(管仲)[25]은 죽지 않았으니 인간답지 못한 것 아닙니까?"

공자가 말했다.

"제나라 환공은 아홉 번 제후들을 모이게 하면서도 무력으로 하지 않았는데 그것은 관중의 능력 덕분이다. 누가 관중만큼 인하다 할 수 있겠는가? 누가 관중만큼 인하다 할 수 있겠는가?"

子路曰 桓公殺公子糾, 召忽死之, 管仲不死. 曰 未仁乎?

子曰 桓公九合諸侯, 不以兵車, 管仲之力也. 如其仁! 如其仁!

◆ ◆ ◆

23) 공자규(公子糾)는 제나라 양공(襄公)의 동생이다. 환공과 제나라 왕위를 두고 쟁탈전을 벌였으나 패하고 죽임을 당했다.

24) 소홀(召忽)은 제나라의 대부로 공자규의 스승이었다. 공자규가 환공에게 죽임을 당하자 그도 따라 죽었다.

25) 관중(管仲)은 포숙아(鮑叔牙)의 친구로 환공과 제나라 왕위를 다투던 공자규의 참모였지만, 공자규가 왕위 쟁탈전에서 패해 죽고 난 후에 제나라 환공에 의해 재상으로 발탁되어 여러 제후국을 제패했다.

자로왈 환공살공자규 소홀사지 관중불사 왈 미인호

자왈 환공구합제후 불이병거 관중지력야 여기인 여기인

◆ 14-18

자공이 물었다.

"관중은 인(仁)한 덕을 가진 사람이 아니지 않습니까? 환공이 자신의 주군인 공자규를 죽였는데도, 죽지 않고 오히려 또한 재상이 되어 도왔습니다."

공자가 대답하여 말했다.

"관중은 환공을 도와 제후들의 패자가 되게 하여 한 번 천하를 바로잡으니, 백성들이 오늘날에 이르기까지 그 혜택을 받고 있다. 관중이 아니었으면 우리는 머리를 풀어 헤치고 옷깃을 왼쪽으로 여미었을 것이다. 어찌 평범한 사람이 작은 신의를 위해 스스로 도랑가에서 목을 매고 죽어도 알아주는 이가 없는 것과 같겠는가?"

子貢曰 管仲非仁者與? 桓公殺公子糾, 不能死, 又相之.

子曰 管仲相桓公, 霸諸侯, 一匡天下, 民到于今受其賜.

微管仲, 吾其被髮左衽矣. 豈若匹夫匹婦之爲諒也,自經於溝瀆而莫之知也.

자공왈 관중비인자여 환공살공자규 불능사 우상지

자왈 관중상환공 패제후 일광천하 민도우금수기사

미관중 오기피발좌임의 기약필부필부지위량야

자경어구독이막지지야

◆ 14-19

위나라 공숙문자의 가신(家臣)이었던 대부 선(僎)이 공숙문자의 추천으로 함께 조정의 신하가 되어 오르게 되었다. 공자가 그 말을 듣고 말했다.

"시호를 문(文)이라고 할 만하다."

公叔文子之臣大夫僎, 與文子同升諸公. 子聞之曰 可以爲文矣.

공숙문자지신대부선 여문자동승제공 자문지왈 가이위문의

◆ 14-20

공자가 위나라 영공(靈公)[26]의 무도함에 대해 말했다. 계강자가 물었다.

"이와 같은데 어찌 지위를 잃지 않은 것입니까?"

공자가 대답하여 말했다.

"중숙어(仲叔圉)²⁷⁾는 외교를 맡았고, 축타(祝鮀)²⁸⁾는 종묘를 잘 다스리고, 왕손가(王孫賈)²⁹⁾가 군대를 다스립니다. 이와 같은데 어찌 지위를 잃겠습니까?"

子言衛靈公之無道也, 康子曰 夫如是, 奚而不喪? 孔子曰

仲叔圉治賓客, 祝鮀治宗廟, 王孫賈治軍旅. 夫如是, 奚其喪?

자언위령공지무도야 강자왈 부여시 해이불상 공자왈

중숙어치빈객 축타치종묘 왕손가치군려 부여시 해기상

◆ ◆ ◆

26) 영공(靈公)은 이름은 원(元)이고, 7세에 재위하여 42년 동안 왕 노릇을 했지만 정치에 관심이 없고, 부인인 남자에 빠져 무절제한 삶을 살았다. 죽은 뒤에도 괴외(蒯聵)와 첩(輒) 사이의 부자 간의 난을 초래했다.

27) 중숙어(仲叔圉)는 위나라 대부인 공숙문자를 가리킨다.

28) 축타(祝鮀)는 위나라 대부 자어(子魚)를 말한다.

29) 왕손가(王孫賈)는 위나라 대부로 이름은 가(賈)이고 영공(靈公)의 뛰어난 신하였다.

◆ 14-21

공자가 말했다.

"말하는 것을 부끄러워하지 않으면 그 말을 실천하기가 어렵다."

子曰 其言之不怍, 則爲之也難.

자왈 기언지부작 즉위지야난

◆ 14-22

제나라 대부 진성자(陳成子)[30)]가 제나라 임금인 간공(簡公)[31)]을 죽였다. 공자가 목욕재계하고 조정에 가서 노나라 애공(哀公)에게 아뢰었다.

"진항(陳恒)이 군주를 시해했으니, 청컨대 그를 토벌하십시오."

◆ ◆ ◆

30) 진성자(陳成子)는 이름은 항(恒)이고, 성(成)은 시호이다. 노나라 애공 14년에 제나라 간공을 죽이고 왕위에 올랐다.
31) 간공(簡公)은 제나라 임금으로 이름은 임(壬)이다. 아버지 도공(悼公)이 주나라 사람들에게 시해된 후에 즉위했는데 4년 만에 진성자에게 살해당했다.

애공이 말했다.

"저 맹손, 숙손, 계손의 삼가(三家)에 가서 말하시오."

공자가 말했다.

"나는 대부의 예로 대접 받고 있으니 감히 보고하지 않을 수 없었는데, 임금께서는 '삼가에 가서 말하라'고 하는구나."

공자가 삼가를 찾아가 말했지만 모두 안 된다고 했다. 공자 가 말했다.

"나는 대부의 예로 대우 받고 있으니 감히 아뢰지 않을 수 없었다."

陳成子弑簡公. 孔子沐浴而朝, 告於哀公曰 陳恒弑其君, 請討之.

公曰 告夫三子! 孔子曰 以吾從大夫之後,

不敢不告也. 君曰, 告夫三子者. 之三子告, 不可.

孔子曰 以吾從大夫之後, 不敢不告也.

진성자시간공 공자목욕이조 고어애공왈 진항시기군 청토지

공왈 고부삼자 공자왈 어오종대부지후

불감불고야 군왈 고부삼자자 지삼자고 불가

공자왈 이오종대부지후 불감불고야

◆14-23

자로가 임금을 섬기는 것에 대해 물었다. 공자가 말했다.
"임금을 속이지 말고 직언을 하라."

子路問事君. 子曰 勿欺也, 而犯之.
자로문사군 자왈 물기야 이범지

◆14-24

공자가 말했다.
"군자는 위로 통달하고, 소인은 아래로 통달한다."

子曰 君子上達, 小人下達.
자왈 군자상달 소인하달

◆14-25

공자가 말했다.
"옛날의 배우는 사람들은 자기 수양을 위해 공부했고, 오늘날의 배우는 사람들은 다른 사람에게 보이기 위해 공부한다."

子曰 古之學者爲己, 今之學者爲人.

자왈 고지학자위기 금지학자위인

◆ 14-26

거백옥(蘧伯玉)[32]이 공자에게 사람을 보내 안부를 물었다. 공자는 그에게 앉을 자리를 내어주고 물었다.

"선생님은 무엇을 하고 지내십니까?"

대답하여 말했다.

"선생님께서는 허물을 적게 하려고 하시지만 잘되지는 않는 것 같습니다."

심부름꾼이 밖으로 나가자 공자가 말했다.

"훌륭한 사자(使者)구나! 훌륭한 사자구나!"

蘧伯玉使人於孔子. 孔子與之坐而問焉, 曰 夫子何爲?

對曰 夫子欲寡其過而未能也. 使者出. 子曰 使乎! 使乎!

거백옥사인어공자 공자여지좌이문언 왈 부자하위

◆ ◆ ◆

32) 거백옥(蘧伯玉)은 위나라 대부로 이름은 원(瑗)이고 자는 백옥(伯玉)이며, 현자로 존경받던 인물이다.

◆14-27

공자가 말했다.

"그 지위에 있지 않으면 정치를 도모하지 않는다."

子曰 不在其位, 不謀其政.

자왈 부재기위 불모기정

◆14-28

증자가 말했다.

"군자는 생각이 그 지위를 벗어나지 않는다."

曾子曰 君子思不出其位.

증자왈 군자사불출기위

◆ 14-29

공자가 말했다.

"군자는 말이 행동보다 앞서는 것을 부끄러워한다."

子曰 君子恥其言而過其行.

자왈 군자치기언이과기행

◆ 14-30

공자가 말했다.

"군자의 도가 세 가지인데, 나는 능한 것이 없다. 인(仁)한 사람은 두려워하지 않고, 지혜로운 사람은 미혹되지 않고, 용기 있는 사람은 두려워하지 않는다."

자공이 말했다.

"선생님께서 스스로에 대해 말씀하신 것이다."

子曰 君子道者三, 我無能焉, 仁者不憂, 知者不惑, 勇者不懼.

子貢曰 夫子自道也.

자왈 군자도자삼 아무능언 인자불우 지자불혹 용자불구

자공왈 부자자도야

◆ 14-31

자공이 사람을 잘 비교했다. 공자가 말했다.

"사(賜, 자공)는 현명한가 보구나! 나는 그럴 겨를이 없다."

子貢方人. 子曰 賜也賢乎哉? 夫我則不暇.

자공방인 자왈 사야현호재 부아즉불가

◆ 14-32

공자가 말했다.

"사람들이 나를 알아주지 않음을 걱정하지 말고, 나의 무능
함을 걱정하라."

子曰 不患人之不己知, 患其不能也.

자왈 불환인지불기지 환기불능야

◆ 14-33

공자가 말했다.

"다른 사람이 나를 속일까 미리 짐작하지 말고, 믿지 않을까

억측하지 말라. 그러니 또한 먼저 깨닫는 사람이 어찌 현명하다고 하겠는가!"

子曰 不逆詐, 不億不信. 抑亦先覺者, 是賢乎!

자왈 불역사 불억불신 억역선각자 시현호

◆ 14-34

미생무(微生畝)[33]가 공자를 평가하여 말했다.

"구(丘, 공자), 당신은 어째서 이렇게 미련을 두고 여기저기 돌아다니는가? 말재주를 부리려는 것이 아닌가?"

공자가 말했다.

"감히 말재주를 부리려는 것이 아니라 고집불통의 완고함을 싫어하기 때문입니다."

微生畝謂孔子曰 丘何爲是栖栖者與? 無乃爲佞乎?

◆ ◆ ◆

33) 미생무(微生畝)는 성은 미생(微生)이고, 이름은 무(畝)이다. 주희는 공자의 이름을 직접 부르는 것을 근거 삼아 공자보다 나이가 많고 덕이 있는 은자로 추정했다.

孔子曰 非敢爲佞也, 疾固也.

미생무위공자왈 구하위시서서자여 무내위녕호

공자왈 비감위녕야 질고야

◆ 14-35

공자가 말했다.

"천리마는 그 힘을 칭찬하는 것이 아니라 그 덕을 칭찬하는 것이다."

子曰 驥不稱其力, 稱其德也.

자왈 기불칭기력 칭기덕야

◆ 14-36

어떤 사람이 말했다.

"덕으로 원한을 갚는 것은 어떻습니까?"

공자가 말했다.

"무엇으로 덕을 갚아야 하는가? 정직함으로 원한을 갚고, 덕으로 덕에 보답해야 한다."

或曰 以德報怨, 何如? 子曰 何以報德? 以直報怨, 以德報德.

혹왈 이덕보원 하여 자왈 하이보덕 이직보원 이덕보덕

◆ 14-37

공자가 말했다.

"나를 알아주는 사람이 없구나."

자공이 말했다.

"어째서 나를 알아주는 사람이 없다고 하십니까?"

공자가 말했다.

"하늘을 원망하지 않고, 다른 사람을 탓하지 않는다. 일상
의 일에서 배워 심오한 경지에 도달했으니, 나를 알아주는 것
은 하늘일 것이다."

子曰 莫我知也夫! 子貢曰 何爲其莫知子也?

子曰 不怨天, 不尤人. 下學而上達. 知我者其天乎!

자왈 막아지야부 자공왈 하위기막지자야

자왈 불원천 불우인 하학이상달 지아자기천호

◆ 14-38

공백료(公伯寮)[34]가 노나라 권세가인 계손(季孫)에게 자로를 모함하여 참소했다. 노나라 대부 자복경백(子服景伯)[35]이 공자에게 이를 아뢰어 말했다.

"계손은 진실로 공백료의 모함에 의해 자로를 의심하고 있습니다. 저의 힘이면 아직은 시장이나 조정에서 공백료를 사형시킬 수 있습니다."

공자가 말했다.

"도가 실행되는 것도 천명이고, 도가 폐지되는 것도 천명이다. 공백료가 천명을 어찌할 수 있겠는가?"

公伯寮愬子路於季孫. 子服景伯以告, 曰 夫子固有惑志於公伯寮,
吾力猶能肆諸市朝. 子曰 道之將行也與? 命也.
道之將廢也與? 命也. 公伯寮其如命何!

◆ ◆ ◆

34) 공백료(公伯寮)는 노나라 사람으로《사기》에서는 공자의 제자라고 말하고 있고,《가어》에서는 72제자 중에 들어가 있지 않다.
35) 자복경백(子服景伯)은 노나라 대부로 성(姓)은 자복(子服)이고 이름은 하(何)이며, 시호는 경(景)이고 자(字)는 백(伯)이다. 자복경백은 공자에게 우호적인 인물이었다.

공백료소자로어계손 자복경백이고 왈 부자고유혹지어공백료

오력유능사저시조 자왈 도지장행야여 명야

도지장폐야여 명야 공백료기여명하

◆14-39

공자가 말했다.

"현자는 세상을 피하고, 그다음으로 현명한 사람은 땅을 피하고, 그다음으로 현명한 사람은 색(色)을 피하고, 그다음으로 현명한 사람은 말을 피한다."

子曰 賢者辟世, 其次辟地, 其次辟色, 其次辟言.

자왈 현자피세 기차피지 기차피색 기차피언

◆14-40

공자가 말했다.

"예악제도를 창작한 사람은 일곱 명이다." [36]

子曰 作者七人矣.

♦ 14-41

자로가 노나라의 석문(石門)에서 묵게 되었는데, 문지기가 말했다.

"어디에서 오셨소?"

자로가 말했다.

"공자의 집에서 왔습니다."

문지기가 말했다.

"안 되는지 알면서도 하는 사람 말인가요?"

子路宿於石門. 晨門曰 奚自? 子路曰 自孔氏.

曰 是知其不可而爲之者與?

자로숙어석문 신문왈 해자 자로왈 자공씨

왈 시지기불가이위지자여

◆ ◆ ◆

36) 호병문(胡炳文)의 《논어통》에서는 '작자(作者)'를 왕필과 소동파와 유원보 등 세상을 등지고 은거한 사람으로 해석했고, 장재는 예악제도를 만든 성인이라고 했다.

◆14-42

공자가 위나라에서 편경(編磬)을 연주하고 있었다. 삼태기를 메고 공자의 집 앞을 지나가는 사람이 말했다.

"천하에 마음이 있구나, 편경 소리여!"

잠시 후에 그가 또 말했다.

"비루하구나, 지나치게 강한 소리여! 나를 알아주지 않으면 그만둘 뿐이다. 물이 깊으면 옷을 입은 채로 건너고, 물이 얕으면 옷을 걷어 올리고 건넌다."

이 말을 듣고 공자가 말했다.

"세상을 포기함이 과감하구나! 그렇게 할 수 있다면 어려울 것이 없겠구나."

子擊磬於衛. 有荷蕢而過孔氏之門者, 曰 有心哉! 擊磬乎!

旣而曰 鄙哉! 硜硜乎! 莫己知也, 斯己而已矣. 深則厲,

淺則揭. 子曰 果哉! 末之難矣.

자격경어위 유하괴이과공씨지문자 왈 유심재 격경호

기이왈 비재 갱갱호 막기지야 사기이이의 심즉려

천즉게 자왈 과재 말지난의

◆ 14-43

자장이 말했다.

"《서경》에서는 '은나라 고종(高宗)³⁷⁾이 양암(諒陰)에서 삼 년 동안 말을 하지 않았다'고 하는데, 무엇을 말하는 것입니까?"

공자가 말했다.

"어찌 반드시 고종뿐이겠는가? 옛 사람들은 모두 그렇게 했다. 임금이 돌아가시면 백관이 자기의 직책을 총괄하여 삼 년 동안 재상의 명령을 따랐다."

子張曰 書云 高宗諒陰, 三年不言. 何謂也?

子曰 何必高宗, 古之人皆然. 君薨, 百官總己以聽於冢宰三年.

자장왈 서운 고종량음 삼년불언 하위야

자왈 하필고종 고지인개연 군훙 백관총기이청어총재삼년

◆ 14-44

공자가 말했다.

"윗사람이 예를 좋아하면 백성을 부리기가 쉽다."

◆ ◆ ◆

37) 고종(高宗)은 은(殷)나라 무정(武丁)을 가리킨다.

子曰 上好禮, 則民易使也.

자왈 상호예 즉민이사야

◆ 14-45

자로가 군자에 대해 물었다. 공자가 대답하여 말했다.

"자기 수양을 공경(敬)으로 한다."

자로가 말했다.

"그것뿐입니까?"

공자가 대답하여 말했다.

"자기를 수양하여 사람들을 편안하게 해준다."

자로가 말했다.

"그것뿐입니까?"

공자가 대답하여 말했다.

"자기를 수양하여 백성을 편안하게 해준다. 자기를 수양하여 백성을 편안하게 해주는 것은 요·순임금도 오히려 어렵게 여기셨다."

子路問君子. 子曰 修己以敬. 曰 如斯而已乎? 曰 修己以安人.

曰 如斯而已乎? 曰 修己以安百姓. 修己以安百姓, 堯舜其猶病諸!

자로문군자 자왈 수기이경 왈 여사이이호 왈 수기이안인

왈 여사이이호 왈 수기이안백성 수기이안백성 요순기유병저

◆ 14-46

원양(原壤)[38]이 걸터앉아 공자를 기다렸다. 공자가 말했다.

"어려서는 공손하지 않고, 장성해서는 칭찬할 만한 것이 없

고, 늙어서는 죽지 않는 것, 이것을 적(賊)이라고 한다."

그러시고는 지팡이로 정강이를 툭 치셨다.

原壤夷俟. 子曰 幼而不孫弟, 長而無述焉, 老而不死, 是爲賊!

以杖叩其脛.

원양이사 자왈 유이불손제 장이무술언 노이불사 시위적

이장고기경

◆ ◆ ◆

38) 원양(原壤)은 노나라 사람으로 공자가 어려서부터 잘 알던 사람이다. 《예기》
〈단궁〉편에 어머니가 돌아가셨을 때 나무에 올라가 노래를 불렀다는 이야기가
실려 있다.

◆ 14-47

궐당(闕黨)의 소년이 공자의 명령을 전달하는 일을 맡았다. 어떤 사람이 물어 말했다.

"나날이 학문에 진전이 있는 아이입니까?"

공자가 말했다.

"나는 그 아이가 어른 자리에 있는 것을 보았고, 선생과 함께 나란히 가는 것을 보았습니다. 나날이 학문이 진전되기를 구하는 아이가 아니라 빨리 성인이 되고자 하는 아이입니다."[39]

闕黨童子將命. 或問之曰 益者與? 子曰 吾見其居於位也,

見其與先生並行也. 非求益者也, 欲速成者也.

궐당동자장명 혹문지왈 익자여 자왈 오견기거어위야

견기여선생병행야 비구익자야 욕속성자야

◆ ◆ ◆

39) 공자는 재빨리 자신의 출세만을 바라는 소년에 대해 말하면서 지식 축적과 빠른 출세보다 예의를 지키는 것이 더욱 중요한 공부임을 강조하고 있다.

제 15 편 | 위령공 衛靈公

◆ 15 -1

위나라 영공(靈公)이 군대의 진법(陣法)에 대해 물었다. 공자
가 대답하여 말했다.

"제기(祭器)에 대한 일은 일찍이 배운 적이 있지만 군대에 관
한 일은 배우지 못했습니다."

다음 날 마침내 위나라를 떠났다.

진(陳)나라에 있을 때 식량이 떨어졌다.[1] 따르던 사람들이
병들어 일어나지 못했다. 그러자 자로가 화난 얼굴로 공자에
게 말했다.

"군자도 궁할 때가 있습니까?"

공자가 대답하여 말했다.

"군자는 곤궁함을 잘 견뎌내지만 소인은 곤궁하면 분수에
넘게 행동한다."

衛靈公問陳於孔子. 孔子對曰 俎豆之事, 則嘗聞之矣.

◆ ◆ ◆

1) 이 일에 대해 공안국은 다음과 같이 말했다.

"공자가 14년간의 유랑 중에 위나라를 떠나 조(曹)나라에 갔는데 조나라에서 받
아들여지지 않자 송(宋)나라로 갔다. 공자는 송나라에서 광(匡) 땅 사람들의 난
을 만나게 되어 다시 진(陳)나라로 갔다. 당시 진나라가 오(吳)나라의 침략을 받고
혼란에 빠지자 공자 일행은 식량이 떨어지게 되었다."

軍旅之事, 未之學也. 明日遂行. 在陳絶糧, 從者病,

莫能興. 子路慍見曰 君子亦有窮乎?

子曰 君子固窮, 小人窮斯濫矣.

위령공문진어공자 공자대왈 조두지사 즉상문지의

군려지사 미지학야 명일수행 재진절량 종자병

막능흥 자로온현왈 군자역유궁호

자왈 군자고궁 소인궁사람의

◆ 15-2

공자가 말했다.

"사(賜, 자공)야, 너는 내가 많이 배워서 그것을 기억하는 사
람이라고 생각하느냐?"

자공이 대답하여 말했다.

"그렇습니다. 아니십니까?"

공자가 말했다.

"아니다. 나는 하나로 이치를 관통한다."

子曰 賜也, 女以予爲多學而識之者與? 對曰 然, 非與?

曰 非也, 予一以貫之.

자왈 사야 여이여위다학이식지자여 대왈 연 비여

왈 비야 여일이관지

◆ 15-3

공자가 말했다.

"유(由, 자로)야, 덕을 아는 자가 드물다."

子曰 由! 知德者鮮矣.

자왈 유 지덕자선의

◆ 15-4

공자가 말했다.

"함이 없이 다스린 사람은 순임금이실 것이다. 무엇을 하셨
는가? 몸을 공손히 하고 바르게 왕위에 앉아 남쪽을 향하고
계셨을 뿐이다.[2]"

子曰 無爲而治者, 其舜也與? 夫何爲哉, 恭己正南而已矣.

자왈 무위이치자 기순야여 부하위재 공기정남면이이의

◆ 15-5

자장이 도의 실천에 대해 물었다. 공자가 말했다.

"말이 충직하고 믿을 만하고, 행동이 돈독하고 예의 바르면 비록 오랑캐 나라에 가더라도 도를 행할 수 있을 것이다. 말이 충직하거나 믿을 만하지 못하고, 행동이 돈독하거나 예의 바르지 않으면 자기가 살고 있는 마을에서인들 도를 행하겠는가? 일어서면 앞에 도가 있는 듯이 하고, 수레에 있으면 가로로 놓여 있는 나무에 도가 새겨져 볼 수 있는 것과 같이 해야한다. 그런 후에 도를 행할 수 있다."

자장이 그 말을 허리띠에 기록했다.

子張問行. 子曰 言忠信, 行篤敬, 雖蠻貊之邦行矣.

言不忠信, 行不篤敬, 雖州里行乎哉? 立, 則見其參於前也.

在輿, 則見其倚於衡也. 夫然後行. 子張書諸紳.

◆ ◆ ◆

2) '남쪽을 향하고 계셨을 뿐'이라는 말은 왕의 자리에서 인위적인 정치를 하지 않고 사회의 풍속을 덕스럽게 하여 백성들이 저절로 선한 행위를 할 수 있게 했다는 뜻이다. 이런 면에서 공자는 순임금을 '함이 없이 다스린 자'라고 평가한 것이다. '함이 없이 다스림'이란 정말 아무것도 하지 않는 것이 아니라, 인위적으로 행하게 하지 않았다는 뜻이다. 사회 분위기를 선하게 하여 저절로 선한 행위를 할 수 있는 환경을 만들었다는 말이다.

자장문행 자왈 언충신 행독경 수만맥지방행의

언불충신 행부독경 수주리행호재 입 즉견기삼어전야

재여 즉견기의어형야 부연후행 자장서저신

◆ 15-6

공자가 말했다.

"곧구나, 사어(史魚)[3]여! 나라에 도가 있어도 화살처럼 곧고,
나라에 도가 없어도 화살처럼 곧구나. 군자로구나, 거백옥(蘧
伯玉)[4]이여! 나라에 도가 있으면 벼슬하고, 나라에 도가 없으
면 거두어 감추었구나."

子曰 直哉史魚! 邦有道, 如矢. 邦無道, 如矢. 君子哉蘧伯玉!

邦有道, 則仕. 邦無道, 則可卷而懷之.

자왈 직재사어 방유도 여시 방무도 여시 군자재거백옥

방유도 즉사 방무도 즉가권이회지

◆ ◆ ◆

3) 사어(史魚)는 위나라 대부로 이름은 추(鰌)이고 자(字)는 어(魚)이다. 사(史)는
관직 명칭 또는 성(姓)이라고 한다.
4) 거백옥(蘧伯玉)은 위나라 대부로 이름은 원(瑗)이고 자는 백옥(伯玉)이며, 현
자로 존경받는 인물이었다.

◆ 15-7

공자가 말했다.

"더불어 말할 수 있는데 더불어 말하지 않으면 사람을 잃는다. 더불어 말할 수 없는데 더불어 말하면 말을 잘못하는 것이다. 지혜로운 자는 사람을 잃지 않고 또 말을 잘못하지도 않는다."

子曰 可與言而不與之言, 失人. 不可與言而與之言,
失言. 知者不失人, 亦不失言.
자왈 가여언이불여지언 실인 불가여언이여지언
실언 지자불실인 역불실언

◆ 15-8

공자가 말했다.

"뜻있는 선비와 인(仁)한 사람은 살기를 추구하느라 인을 해치지 않고, 몸을 바쳐 인을 완성한다."

子曰 志士仁人, 無求生以害仁, 有殺身以成仁.
자왈 지사인인 무구생이해인 유설신이성인

◆ 15-9

자공이 인의 실천에 대해 물었다. 공자가 말했다.

"장인(匠人)이 일을 잘하고자 한다면 반드시 먼저 연장을 날카롭게 해야 한다. 한 나라에 살면서 현명한 대부를 섬기고 선비 중에 인한 사람을 사귀어야 한다."

子貢問爲仁. 子曰 工欲善其事, 必先利其器.

居是邦也, 事其大夫之賢者, 友其士之仁者.

자공문위인 자왈 공욕선기사 필선리기기

거시방야 사기대부지현자 우기사지인자

◆ 15-10

안연이 나라를 다스리는 방법에 대해 물었다. 공자가 대답하여 말했다.

"하나라 역법(曆法, 달력)을 시행하고, 은나라의 수레를 타고, 주나라의 면류관을 쓰고, 음악은 순임금의 소무(韶舞)를 쓰고, 정(鄭)나라의 음악을 버리고, 아첨하는 인간을 멀리한다. 정나라 음악은 음란하게 하고, 아첨하는 인간은 위태롭게 한다."

顔淵問爲邦. 子曰 行夏之時, 乘殷之輅, 服周之冕, 樂則韶舞.

放鄭聲, 遠佞人. 鄭聲淫, 佞人殆.

안연문위방 자왈 행하지시 승은지로 복주지면 악즉소무

방정성 원녕인 정성음 영인태

◆ 15-11

공자가 말했다.

"사람이 멀리 헤아리지 못하면 반드시 가까이에 근심이 생긴다."

子曰 人無遠慮, 必有近憂.

자왈 인무원려 필유근우

◆ 15-12

공자가 말했다.

"아, 그만두어야겠구나! 나는 덕을 좋아하기를 아름다운 여자를 좋아하듯 하는 사람을 아직 보지 못했다."

子曰 已矣乎! 吾未見好德如好色者也.

자왈 이의호 오미견호덕여호색자야

◆ 15-13

공자가 말했다.

"노나라 대부 장문중(臧文仲)[5]은 자리를 도둑질한 자이다!
유하혜(柳下惠)[6]의 현명함을 알면서도 추천하여 함께 조정에
서지 않았다."

子曰 臧文仲其竊位者與? 知柳下惠之賢, 而不與立也.

자왈 장문중기절위자여 지유하례지현 이불여립야

◆ ◆ ◆

5) 장문중(臧文仲)은 춘추시대 초기에 활약한 노나라의 대부로 성(姓)은 장손(臧
孫)이고 이름은 진(辰)이며, 자(字)는 중(仲)이고 문(文)은 그의 시호이다. 지혜로
운 사람이라고 존경을 받았다.
6) 유하혜(柳下惠)는 노나라의 대부이며 성(姓)은 전(展)이고 이름은 획(獲)이며,
자(字)는 금(禽)이다. 주희에 의하면 '유하(柳下)'는 그의 식읍(食邑)의 명칭에서
유래한 것이고, '혜(惠)'는 시호이다.

◆ 15-14

공자가 말했다.

"자기 자신을 엄하게 책망하고 다른 사람을 가볍게 책망하면 원망 받는 일을 멀리하게 된다."

子曰 躬自厚而薄責於人, 則遠怨矣.

자왈 궁자후이박책어인 즉원원의

◆ 15-15

공자가 말했다.

"'이 일을 어떻게 할까?'라고 말하지 말라. '이 일을 어떻게 할까?'라고 말하는 사람은 나도 어떻게 할 수가 없다."

子曰 不曰 如之何如之何者, 吾末如之何也已矣.

자왈 불왈 여지하여지하자 오말여지하야이의

◆ 15-16

공자가 말했다.

"하루 종일 함께 모여 있으면서 말은 의(義)에 미치지 못하고, 작은 지혜를 쓰기를 좋아한다면 어려움이 있을 것이다."

子曰 群居終日, 言不及義, 好行小慧, 難矣哉!
자왈 군거종일 언불급의 호행소혜 난의재

◆ 15-17
공자가 말했다.
"군자는 의(義)를 바탕으로 삼고 예(禮)로 실천하며, 공손함으로 드러내고, 신뢰로 완성한다. 이것이 군자이다."

子曰 君子義以爲質, 禮以行之, 孫以出之, 信以成之. 君子哉!
자왈 군자의이위질 예이행지 손이출지 신이성지 군자재

◆ 15-18
공자가 말했다.
"군자는 자신의 무능함을 걱정하지 사람들이 자신을 알아주지 않는 것을 걱정하지 않는다."

子曰 君子病無能焉, 不病人之不己知也.

자왈 군자병무능언 불병인지불기지야

◆ 15 - 19

공자가 말했다.

"군자는 삶이 다하도록 자신의 이름이 일컬어지지 않을까 걱정한다."

子曰 君子疾沒世而名不稱焉.

자왈 군자질몰세이명불칭언

◆ 15 - 20

공자가 말했다.

"군자는 자신에게서 찾고, 소인은 다른 사람에게서 찾는다."

子曰 君子求諸己, 小人求諸人.

자왈 군자구저기 소인구저인

◆ 15 - 21

공자가 말했다.

"군자는 씩씩하지만 다투지 않고, 사람들과 조화롭게 지내
지만 자기편을 만들지 않는다."

子曰 君子矜而不爭, 群而不黨.

자왈 군자긍이부쟁 군이부당

◆ 15 - 22

공자가 말했다.

"군자는 말로 인해 다른 사람을 등용하지 않고, 사람됨 때
문에 말을 버리지 않는다."

子曰 君子不以言擧人, 不以人廢言.

자왈 군자불이언거인 불이인폐언

◆15-23

자공이 물었다.

"평생 동안 실천할 만한 한마디 말이 있습니까?"

공자가 말했다.

"서(恕)이다! 내가 원하지 않는 것을 다른 사람에게 행하지 않는다."

子貢問曰 有一言而可以終身行之者乎? 子曰 其恕乎!

己所不欲, 勿施於人.

자공문왈 유일언이가이종신행지자호 자왈 기서호

기소불욕 물시어인

◆15-24

공자가 말했다.

"내가 사람에 대해서 누구를 비난하고 누구를 칭찬하겠는가? 만약 칭찬하는 사람이 있다면 그것은 시험해본 적이 있어서이다. 이 백성들은 하·은·주 삼대(三代)의 정직한 도를 실천한 사람들이기 때문에 함부로 비난하거나 칭찬할 수 없다."

子曰 吾之於人也, 誰毁誰譽? 如有所譽者, 其有所試矣.

斯民也, 三代之所以直道而行也.

자왈 오지어인야 수훼수예 여유소예자 기유소시의

사민야 삼대지소이직도이행야

◆ 15-25

공자가 말했다.

"나는 그래도 사관(史官)이 의심스러운 문장은 빼놓고, 말을
가진 사람이 다른 사람에게 빌려주어 타게 하는 것은 보았다.
지금은 그런 일들이 사라졌다."

子曰 吾猶及史之闕文也, 有馬者借人乘之. 今亡矣夫!

자왈 오유급사지궐문야 유마자차인승지 금무의부

◆ 15-26

공자가 말했다.

"교묘한 말은 덕을 어지럽히고, 작은 일을 참지 못하면 큰일
을 도모하기 어렵다."

子曰 巧言亂德, 小不忍則亂大謀.

자왈 교언란덕 소불인즉란대모

◆ 15-27

공자가 말했다.

"여러 사람이 싫어해도 반드시 그 사람을 살피고, 여러 사람
이 좋아해도 반드시 그 사람을 살핀다."

子曰 衆惡之, 必察焉. 衆好之, 必察焉.

자왈 중오지 필찰언 중호지 필찰언

◆ 15-28

공자가 말했다.

"사람이 도를 넓히는 것이지 도가 사람을 넓히는 것이 아니
다."

子曰 人能弘道, 非道弘人.

자왈 인능홍도 비도홍인

◆ 15-29

공자가 말했다.

"잘못을 하고도 고치지 않는 것, 이것을 일컬어 잘못이라고
한다."

子曰 過而不改, 是謂過矣.

자왈 과이불개 시위과의

◆ 15-30

공자가 말했다.

"내가 일찍이 하루 종일 먹지 않고, 밤새도록 잠들지 않고
사색했지만 유익함이 없었다. 배우는 것만 못하다."

子曰 吾嘗終日不食, 終夜不寢, 以思, 無益, 不如學也.

자왈 오상종일불식 종야불침 이사 무익 불여학야

◆ 15-31

공자가 말했다.

"군자는 도를 추구하지 먹을 것을 추구하지 않는다. 농사를 지어도 굶주림이 그 가운데 있다. 배우면 녹봉(祿俸)이 그 가운데 있다. 군자는 도를 얻지 못함을 걱정하지 가난을 걱정하지 않는다."

子曰 君子謀道不謀食. 耕也, 餒在其中矣. 學也, 祿在其中矣.
君子憂道不憂貧.
자왈 군자모도불모식 경야 뇌재기중의 학야 녹재기중의
군자우도불우빈

◆ 15-32

공자가 말했다.

"지혜가 직책을 맡을 만해도, 인(仁)으로 그것을 지킬 수 없으면 비록 지위를 얻더라도 반드시 잃게 된다. 지혜가 직책을 맡을 만하고, 인으로 그것을 지킬 수 있어도 백성들을 위엄 있게 다스리지 않으면 백성들이 공경하지 않는다. 지혜가 직책을 맡을 만하고, 인으로 그것을 지키고, 위엄으로 백성을 다스

려도, 백성을 부리는 데 예(禮)로써 하지 않으면 좋다고 할 수
없다."

子曰 知及之, 仁不能守之 雖得之, 必失之. 知及之, 仁能守之,
不莊以涖之, 則民不敬. 知及之, 仁能守之, 莊以涖之,
動之不以禮, 未善也.
자왈 지급지 인불능수지 수득지 필실지 지급지 인능수지
부장이리지 즉민불경 지급지 인능수지 장이리지
동지불이례 미선야

◆ 15-33
공자가 말했다.
"군자는 작은 일에서는 알 수 없지만 큰일을 맡을 수 있다.
소인은 큰일을 맡을 수 없지만 작은 일을 잘 해내는 것을 알
수 있다."

子曰 君子不可小知, 而可大受也. 小人不可大受, 而可小知也.
자왈 군자불가소지 이가대수야 소인불가대수 이가소지야

◆ 15-34

공자가 말했다.

"백성에게 인은 물과 불보다 중요하다. 나는 물과 불에 의해
죽는 사람은 보았지만 인을 실천하다 죽는 사람은 보지 못했
다."

子曰 民之於仁也, 甚於水火. 水火, 吾見蹈而死者矣,
未見蹈仁而死者也.
자왈 민지어인야 심어수화 수화 오견도이사자의
미견도인이사자야

◆ 15-35

공자가 말했다.

"인을 실천하는 일은 스승에게도 양보하지 않는다."

子曰 當仁不讓於師.
자왈 당인불양어사

◆ 15-36

공자가 말했다.

"군자는 정직하고 곧지만 작은 신의(信義)에 얽매이지 않는다."

子曰 君子貞而不諒.

자왈 군자정이불량

◆ 15-37

공자가 말했다.

"임금을 섬길 때는 그 일을 먼저 정성을 다해 행한 후에 녹봉(祿俸)을 받는다."

子曰 事君, 敬其事而後其食.

자왈 사군 경기사이후기식

◆ 15-38

공자가 말했다.

"가르침에 있어서는 차별이 없다."

子曰 有敎無類.

자왈 유교무류

◆ 15-39

공자가 말했다.

"도가 같지 않으면 서로 도모하지 않는다."

子曰 道不同, 不相爲謀.

자왈 도부동 불상위모

◆ 15-40

공자가 말했다.

"말은 뜻을 전달하는 것일 뿐이다."

子曰 辭達而已矣.

자왈 사달이이의

◆ 15-41

악사(樂師)인 면(冕)이 공자를 만나러 와 계단에 이르자 공자
가 말했다.

"계단입니다."

앉을 자리에 이르자 공자가 말했다.

"자리입니다."

모두 자리에 앉으니 공자가 "누구는 여기에 있고, 누구는 여
기에 있습니다" 하고 말했다. 악사인 면이 밖으로 나가자 자장
이 물었다.

"그렇게 하는 것이 악사와 이야기하는 도입니까?"

공자가 말했다.

"그렇다. 진실로 앞을 못 보는 악사를 돕는 도이다."

師冕見. 及階, 子曰 階也. 及席, 子曰 席也.

皆坐, 子告之曰 某在斯, 某在斯. 師冕出. 子張問曰 與師言之道與?

子曰 然. 固相師之道也.

사면현 급계 자왈 계야 급석 자왈 석야

개좌 자고지왈 모재사 모재사 사면출 자장문왈 여사언지도여

자왈 연 고상사지도야

| 제 16 편 | 계씨 季氏

◆ 16-1

노나라 대부 계씨(季氏)가 전유(顓臾)[1]를 치려고 했다. 염유와 계로(季路, 자로)가 공자를 뵙고 말했다.

"계씨가 전유에서 일을 벌이려고 합니다."

공자가 말했다.

"구(求, 염유)야, 너의 잘못이 아니겠느냐? 전유는 옛날에 주나라 선왕이 동몽산(東蒙山)의 제사를 주관하게 한 곳이고, 또 나라 가운데 있으니 이 나라의 신하이다. 어찌 정벌을 하겠는가?"

염유가 말했다.

"계씨가 원하는 것이지 우리 두 사람은 모두 원하지 않습니다."

공자가 말했다.

"구야! 고대의 훌륭한 사관인 주임(周任)은 '힘을 다해 관직에 나아가고 할 수 없으면 멈춘다'고 말했다. 위태한데도 지탱하지 못하고, 전복되려 하는데도 돕지 못하면 장차 저 돕는 신하들을 어디에 쓰겠는가? 너의 말은 잘못되었다. 호랑이와 외뿔소가 우리에서 뛰쳐나오고 거북이 뼈와 옥이 궤 속에서

◆ ◆ ◆

1) 전유(顓臾)는 노나라에 종속되어 있는 부용국(附庸國)을 가리킨다.

훼손되었다면 이것은 누구의 잘못이겠는가?"

염유가 말했다.

"지금 전유는 진실로 비(費) 땅에서 가까우니, 지금 빼앗지 않으면 후세에 반드시 자손에게 우환이 될 것입니다."

공자가 말했다.

"구야! 군자는 원한다고 말하지 않고 변명하는 것을 싫어한다. 내가 들으니, 나라를 가지고 있고 집안을 가지고 있는 자는 그것이 적음을 걱정하지 않고 균등하지 않음을 걱정하며, 가난함을 걱정하지 않고 불안함을 걱정한다. 균등하면 가난하지 않고, 조화로우면 적지 않으며, 편안하면 망하지 않는다. 이런 이유로 먼 곳에 있는 사람이 복종하지 않으면 덕을 닦아 오게 하고, 이미 찾아왔으면 편안하게 해준다. 지금 유(由, 자로)와 구는 계씨를 돕고 있지만 먼 곳에 있는 사람은 복종하지 않고 오지도 않는다. 나라가 분열되고 흩어지려 하는데도 지키지 못하고, 나라 안에서 군대를 움직이려고 도모하니, 나는 계씨의 걱정이 전유에 있지 않고 내부에 있을까 걱정이구나."

季氏將伐顓臾. 冉有季路見於孔子曰 季氏將有事於顓臾.

孔子曰 求! 無乃爾是過與? 夫顓臾, 昔者先王以爲東蒙主,

且在邦域之中矣, 是社稷之臣也.

何以伐爲? 冉有曰 夫子欲之, 吾二臣者皆不欲也.

孔子曰 求! 周任有言曰陳力就列, 不能者止.

危而不持, 顚而不扶, 則將焉用彼相矣? 且爾言過矣. 虎兕出於柙,

龜玉毁於櫝中, 是誰之過與? 冉有曰 今夫顓臾, 固而近於費.

今不取, 後世必爲子孫憂. 孔子曰 求!

君子疾夫舍曰欲之, 而必爲之辭. 丘也聞有國有家者,

不患寡而患不均, 不患貧而患不安. 蓋均無貧, 和無寡,

安無傾. 夫如是, 故遠人不服, 則修文德以來之. 旣來之, 則安之.

今由與求也, 相夫子, 遠人不服而不能來也,

邦分崩離析而不能守也. 而謀動干戈於邦內.

吾恐季孫之憂, 不在顓臾, 而在蕭牆之內也.

계씨장벌전유 염유계로현어공자왈 계씨장유사어전유

공자왈 구 무내이시과여 부전유 석자선왕이위동몽주

차재방역지중의 시사직지신야

하이벌위 염유왈 부자욕지 오이신자개불욕야

공자왈 구 주임유언왈진력취렬 불능자지

위이부지 전이불부 즉장언용피상의 차이언과의 호시출어합

귀옥훼어독중 시수지과여 염유왈 금부전유 고이근어비

금불취 후세필위자손우 공자왈 구

군자질부사왈욕지 이필위지사 구야문유국유가자

불환과이환불균 불환빈이환불안 개균무빈 화무과

안무경 부여시 고원인불복 즉수문덕이래지 기래지 즉안지

금유여구야 상부자 원인불복이불능래야

방분붕리석이불능수야 이모동간과어방내

오공계손지우 부재전유 이재소장지내야

◆ 16-2

공자가 말했다.

"천하에 도가 있으면 예악(禮樂)과 정벌이 천자로부터 나오고, 천하에 도가 없으면 예악과 정벌이 제후로부터 나온다. 제후로부터 나오면 열 세대 안에 망하지 않는 나라가 드물다. 대부로부터 나오면 다섯 세대 안에 망하지 않는 나라가 드물다. 가신이 정권을 잡게 되면 세 세대 안에 망하지 않는 나라가 드물다. 천하에 도가 있으면 정권이 대부에게 있지 않고, 천하에 도가 있으면 백성이 정치를 논하지 않는다."[2]

◆ ◆ ◆

2) 공자는 당시의 혼란을 보고 예법과 음악, 문물과 제도 등을 의미하는 예악(禮樂)과, 잘못된 것을 무력으로 공격해 바로잡는 정벌(征伐)이 위계질서에 맞게 행해지기를 원했다.

孔子曰 天下有道, 則禮樂征伐自天子出. 天下無道,

則禮樂征伐自諸侯出. 自諸侯出, 蓋十世希不失矣. 自大夫出,

五世希不失矣. 陪臣執國命, 三世希不失矣.

天下有道, 則政不在大夫. 天下有道, 則庶人不議.

공자왈 천하유도 즉예악정벌자천자출 천하무도

즉예악정벌자제후출 자제후출 개십세희불실의 자대부출

오세희불실의 배신집국명 삼세희불실의

천하유도 즉정부재대부 천하유도 즉서인불의

◆ 16-3

공자가 말했다.

"작록을 줄 수 있는 권한이 노나라 군주를 떠난 지 다섯 세
대가 되었다. 정치권력이 대부의 손에 들어간 지 네 세대가 되
었다. 그러므로 삼환의 자손들[3]이 미약해진 것이다."

◆ ◆ ◆

3) 삼환(三桓)은 환공의 후손으로 노나라의 정치적 실세였던 중손(仲孫), 숙손(叔
孫), 계손(季孫)을 가리킨다. 이들의 정치세력도 애공 때에 이르러 쇠퇴하게 되었
음을 말한 것이다.

孔子曰 祿之去公室, 五世矣. 政逮於大夫, 四世矣.

故三桓之子孫, 微矣.

공자왈 녹지거공실 오세의 정체어대부 사세의

고삼환지자손 미의

◆16-4

공자가 말했다.

"유익한 친구가 세 종류이고, 해로운 친구가 세 종류이다.
정직한 사람을 벗으로 삼고, 성실한 사람을 벗으로 삼고, 박
학다식한 사람을 벗으로 삼으면 유익하다. 편벽된 사람을 벗
으로 삼고, 유약하고 좋은 말만 하는 사람을 벗으로 삼고, 아
첨하는 사람을 벗으로 삼으면 해롭다."

孔子曰 益者三友, 損者三友. 友直, 友諒, 友多聞, 益矣.

友便辟, 友善柔, 友便佞, 損矣.

공자왈 익자삼우 손자삼우 우직 우량 우다문 익의

우편벽 우선유 우편녕 손의

◆ 16-5

공자가 말했다.

"유익한 즐거움이 세 가지이고, 해로운 즐거움이 세 가지이다. 예악을 절도에 맞게 행하는 것을 즐거워하고, 다른 사람의 선을 말하기를 즐거워하며, 현명한 친구가 많은 것을 즐거워하면 유익하다. 교만함을 즐거워하고, 안일하고 게으른 것을 즐거워하며, 향락을 즐거워하면 해롭다."

孔子曰 益者三樂, 損者三樂. 樂節禮樂, 樂道人之善, 樂多賢友,
益矣. 樂驕樂, 樂佚遊, 樂宴樂, 損矣.
공자왈 익자삼요 손자삼요 요절례악 요도인지선 요다현우
익의 요교악 요일유 요연악 손의

◆ 16-6

공자가 말했다.

"군자를 모실 때 저지르는 세 가지 허물이 있다. 말을 하지 않아야 하는데 먼저 말하는 것을 '조급함'이라 하고, 말을 해야 하는데 말하지 않는 것을 '숨김'이라 하며, 얼굴빛을 살피지 않고 말하는 것을 '앞을 못 봄'이라고 말한다."

孔子曰 侍於君子有三愆. 言未及之而言謂之躁,
言及之而不言謂之隱, 未見顏色而言謂之瞽.
공자왈 시어군자유삼건 언미급지이언위지조
언급지이불언위지은 미견안색이언위지고

◆ 16-7

공자가 말했다.

"군자에게는 세 가지 경계해야 할 것이 있다. 어릴 때는 혈기
(血氣)가 안정되지 않으므로 색(色)을 경계해야 하고, 장성해서
는 혈기가 왕성하므로 다툼을 경계해야 하며, 늙어서는 혈기
가 노쇠하므로 탐욕을 경계해야 한다."

孔子曰 君子有三戒. 少之時, 血氣未定, 戒之在色. 及其壯也,
血氣方剛, 戒之在鬪. 及其老也, 血氣旣衰, 戒之在得.
공자왈 군자유삼계 소지시 혈기미정 계지재색 급기장야
혈기방강 계지재투 급기노야 혈기기쇠 계지재득

◆ 16-8

공자가 말했다.

"군자는 세 가지 두려움을 가지고 있다. 천명을 두려워하고, 대인(大人)을 두려워하며, 성인의 말씀을 두려워한다. 소인은 천명을 알지 못해 두려워하지 않고, 대인을 깔보며, 성인의 말씀을 업신여긴다."

孔子曰 君子有三畏. 畏天命, 畏大人, 畏聖人之言.
小人不知天命而不畏也, 狎大人, 侮聖人之言.
공자왈 군자유삼외 외천명 외대인 외성인지언
소인부지천명이불외야 압대인 모성인지언

◆ 16-9

공자가 말했다.

"태어나면서 저절로 아는 사람이 최상(聖人, 성인)이고, 배워서 아는 사람이 그다음이고, 곤란함에 처해 배우는 사람이 또 그다음이다. 곤란함에 처하고서도 배우지 않는 사람은 최하의 인간이다."

孔子曰 生而知之者, 上也. 學而知之者, 次也.

困而學之, 又其次也. 困而不學, 民斯爲下矣.

공자왈 생이지지자 상야 학이지지자 차야

곤이학지 우기차야 곤이불학 민사위하의

◆ 16 - 10

공자가 말했다.

"군자는 아홉 가지 생각을 가지고 있다. 볼 때는 명확하게 볼 것을 생각하고, 들을 때는 정확하게 들을 것을 생각하며, 안색은 온화하게 할 것을 생각한다. 용모는 공손하게 할 것을 생각하고, 말할 때는 진심을 다할 것을 생각하며, 일할 때는 공경스럽게 할 것을 생각한다. 의심이 생길 때는 질문할 것을 생각하고, 화가 날 때는 어려운 일을 당할 수 있음을 생각하며, 이득을 보면 의로운 것인지를 생각한다."

孔子曰 君子有九思. 視思明, 聽思聰, 色思溫, 貌思恭, 言思忠,

事思敬, 疑思問, 忿思難, 見得思義.

공자왈 군자유구사 시사명 청사총 색사온 모사공 언사충

사사경 의사문 분사난 견득사의

◆ 16 - 11

공자가 말했다.

"선함을 보면 그것에 미치지 못하는 것과 같이 하고, 선하지
않음을 보면 끓는 물에 손을 넣었다 빼는 것과 같이 하는 것,
나는 그렇게 하는 사람을 보았고, 그러한 말을 들어 보았다.
숨어 살면서 자기가 뜻한 것을 추구하고, 의로움을 실천하여
도(道)를 달성하는 것, 나는 그런 말을 들어 보았지만 그렇게
하는 사람을 아직 보지 못했다."

孔子曰 見善如不及, 見不善如探湯. 吾見其人矣, 吾聞其語矣.

隱居以求其志, 行義以達其道. 吾聞其語矣, 未見其人也.

공자왈 견선여불급 견불선여탐탕 오견기인의 오문기어의

은거이구기지 행의이달기도 오문기어의 미견기인야

◆ 16 - 12

제나라 경공(景公)[4]이 천 대의 수레를 끌 수 있는 말 4천 마
리를 갖고 있었지만 죽을 때 덕을 칭송하는 사람이 없었다. 백
이와 숙제는 수양산 아래에서 굶어 죽었지만 사람들이 지금
까지도 그들을 칭송한다. 덕을 칭송한다는 것은 이것을 말한

것이다.

齊景公有馬千駟, 死之日, 民無德而稱焉. 伯夷叔齊餓於首陽之下,
民到于今稱之. 其斯之謂與?

제경공유마천사 사지일 민무덕이칭언 백이숙제아어수양지하
민도우금칭지 기사지위여

◆ 16-13

진항(陳亢)[5]이 공자의 아들인 백어(伯魚)[6]에게 물었다.

"그대는 또 특별한 다른 말을 들은 것이 있는가?"

백어가 대답하여 말했다.

"없습니다. 일찍이 홀로 서 계실 때, 제가 빠른 걸음으로 마

◆ ◆ ◆

4) 경공(景公)은 제나라 왕으로 이름은 저구(杵臼)이다. 경공은 제나라 대부 최서
(崔杼)가 장공(莊公)을 죽이고 옹립한 왕으로, 58년 동안 재위했고 어리석은 군
주로 평가되고 있다.
5) 진항(陳亢)은 공자의 제자 자금(子禽)이며 자(字)는 자금(子禽)이다. 진(陳)나
라 사람으로 공자보다 40세 연하이다.
6) 백어(伯魚)는 공자의 아들로 성(姓)은 공(孔)이고 이름은 리(鯉)이며, 자(字)는
백어(伯魚)이다. 공자가 결혼한 후 20세에 태어났으며, 50세의 나이에 아버지인
공자보다 먼저 죽었다.

당을 지나가고 있는데 "시(詩)를 배웠느냐?"라고 물으셨습니다. "아직 배우지 못했습니다"라고 대답하니 "시를 배우지 않으면 사람들과 말을 할 수 없다"고 말씀하셨습니다. 저는 물러나와 시를 배웠습니다. 다른 날 또 홀로 서 계실 때, 제가 빠른 걸음으로 마당을 지나가고 있는데 "예(禮)를 배웠느냐?"라고 물으셨습니다. "아직 배우지 못했습니다"라고 대답하니 "예를 배우지 않으면 확고하게 설 수 없다"고 말씀하셨습니다. 저는 물러나와 예를 배웠습니다. 이 두 가지를 아버님께 들었습니다."

진항이 물러나와 기뻐하며 말했다.

"하나를 물어 세 가지를 알았다. 시에 대해 듣고, 예에 대해 듣고, 또 군자는 자기 아들을 멀리한다는 것을 알았다."

陳亢問於伯魚曰 子亦有異聞乎? 對曰 未也. 嘗獨立, 鯉趨而過庭.

曰 學詩乎? 對曰 未也. 不學詩, 無以言.

鯉退而學詩. 他日又獨立, 鯉趨而過庭. 曰 學禮乎? 對曰 未也.

不學禮, 無以立. 鯉退而學禮. 聞斯二者.

陳亢退而喜曰 問一得三, 聞詩, 聞禮, 又聞君子之遠其子也.

진항문어백어왈 자역유이문호 대왈 미야 상독립 리추이과정

왈 학시호 대왈 미야 불학시 무이언

리퇴이학시 타일우독립 리추이과정 왈 학례호 대왈 미야

불학례 무이립 리퇴이학례 문사이자

진항퇴이희왈 문일득삼 문시 문례 우문군자지원기자야

◆ 16-14

임금의 처(妻)는 임금이 부를 때는 '부인'이라고 하고, 부인이
스스로 칭할 때는 '소동'이라고 한다. 나라 사람들이 부를 때
는 '군부인'이라고 하고, 다른 나라 사람들 앞에서 부를 때는
'과소군'이라고 한다. 다른 나라 사람들이 부를 때는 '군부인'
이라고 한다.

邦君之妻, 君稱之曰夫人, 夫人自稱曰小童.

邦人稱之曰君夫人, 稱諸異邦曰寡小君. 異邦人稱之亦曰君夫人.

방군지처 군칭지왈부인 부인자칭왈소동

방인칭지왈군부인 칭저이방왈과소군 이방인칭지역왈군부인

| 제 17 편 | 양화 陽貨

◆ 17-1

노나라의 실권자인 양화(陽貨)[1]가 공자를 만나고자 했지만 공자가 만나지 않자 공자에게 삶은 돼지를 보냈다. 공자는 양화가 없을 때 가서 사례하고 돌아오다가 길에서 그를 만났다. 양화가 공자에게 말했다.

"이리 오시오. 나는 그대와 더불어 이야기하고 싶소."

양화가 계속해서 말했다.

"보물과 같은 재능을 품고 있으면서 나라를 어지러운 채 놓아둔다면 인(仁)하다고 할 수 있습니까?"

공자가 말했다.

"그렇지 않습니다."

양화가 말했다.

"정치에 종사하기를 좋아하면서 자주 때를 놓친다면 지혜롭다고 말할 수 있습니까?"

공자가 말했다.

"그렇지 않습니다."

양화가 말했다.

◆ ◆ ◆

1) 양화(陽貨)는 노나라 계씨(季氏)의 가신으로 노나라의 실권을 장악한 양호(陽虎)를 가리킨다.

"해와 달은 흘러가니 시간은 나와 함께 머물러 있지 않습니다."

공자가 말했다.

"알겠습니다. 나는 장차 벼슬을 하겠습니다."

陽貨欲見孔子, 孔子不見, 歸孔子豚.

孔子時其亡也, 而往拜之, 遇諸塗. 謂孔子曰 來! 予與爾言. 曰

懷其寶而迷其邦, 可謂仁乎? 曰 不可. 好從事而亟失時, 可謂知乎?

曰 不可. 日月逝矣, 歲不我與. 孔子曰 諾. 吾將仕矣.

양화욕견공자 공자불견 귀공자돈

공자시기무야 이왕배지 우저도 위공자왈 래 여여이언 왈

회기보이미기방 가위인호 왈 불가 호종사이기실시 가위지호

왈 불가 일월서의 세불아여 공자왈 낙 오장사의

◆ 17-2

공자가 말했다.

"타고난 본성은 서로 비슷하지만 후천적 습관에 따라 서로 멀어진다."

子曰 性相近也, 習相遠也.

자왈 성상근야 습상원야

◆ 17-3

공자가 말했다.

"오직 가장 지혜로운 사람과 가장 어리석은 사람은 변하지 않는다."

子曰 唯上知與下愚不移.

자왈 유상지여하우불이

◆ 17-4

공자가 무성(武城)[2]에 가서 현악에 맞추어 노래 부르는 소리를 들었다. 공자가 빙그레 웃으며 말했다.

"닭을 잡는 데 어찌 소 잡는 칼을 쓰느냐?"[3]

자유가 대답했다.

"예전에 저는 선생님께서 '군자가 도를 배우면 사람을 사랑하고, 소인이 도를 배우면 부리기가 쉽다'고 말씀하시는 것을 들었습니다."

공자가 말했다.

"얘들아! 언(偃, 자유)의 말이 옳다. 방금 한 말은 농담일 뿐이다."

子之武城, 聞弦歌之聲. 夫子莞爾而笑, 曰 割雞焉用牛刀?

子游對曰 昔者偃也聞諸夫子曰 君子學道則愛人,

小人學道則易使也. 子曰 二三子! 偃之言是也. 前言戲之耳.

자지무성 문현가지성 부자완이이소 왈 할계언용우도

자유대왈 석자언야문저부자왈 군자학도즉애인

소인학도즉이사야 자왈 이삼자 언지언시야 전언희지이

◆ 17-5

노나라 공산불요(公山弗擾)[4]가 비읍(費邑)을 가지고 반란을

◆ ◆ ◆

2) 무성(武城)은 노나라 변경의 작은 읍으로 그 당시 자유가 다스리고 있었다.

3) '닭을 잡는 데 소 잡는 칼을 쓴다'는 것은 무성이라는 조그만 마을을 다스리는 데 큰 나라를 다스리는 방법을 쓰고 있음을 가리키는 말이다.

4) 공산불요(公山弗擾)는 노나라 계씨(季氏)의 가신으로 성(姓)은 공산(公山)이고 이름은 불요(弗擾)이다. 공산불요는 계씨의 관할지인 비읍(費邑)의 읍재(邑宰)였다.

일으켰는데, 그가 부르자 공자가 가려고 했다. 자로가 기분 나빠하며 말했다.

"갈 곳이 없으면 그만두면 되는데, 하필이면 공산불요에게 가려고 하십니까?"

공자가 말했다.

"나를 부르는 사람이 어찌 공연히 부르겠느냐? 만약 나를 써주는 사람이 있다면 나는 그곳을 동쪽의 주나라로 만들 것이다."[5]

公山弗擾以費畔, 召, 子欲往. 子路不說, 曰 末之也已,
何必公山氏之之也. 子曰 夫召我者而豈徒哉?
如有用我者, 吾其爲東周乎?

공산불요이비반 소 자욕왕 자로불열 왈 말지야이
하필공산씨지지야 자왈 부소아자이기도재
여유용아자 오기위동주호

◆ ◆ ◆

5) 자로는 공산불요가 양화와 같이 무도하게 반란을 일으켰기 때문에 가지 말라고 말한 것이다. 하지만 공자는 어느 곳인들 자신을 등용하는 사람이 있다면 이상적인 정치를 실현할 수 있다고 자신했다.

◆ 17-6

자장이 공자에게 인에 대해 물었다. 공자가 말했다.

"다섯 가지를 천하에서 실행할 수 있으면 인하게 될 수 있다."

자장이 그 다섯 가지가 무엇인지 물었다. 공자가 말했다.

"공손함, 관대함, 믿음직스러움, 민첩함, 은혜로움이다. 공손하면 모욕을 당하지 않고, 관대하면 대중의 마음을 얻고, 믿음직스러우면 사람들이 신임하고, 민첩하면 공로가 있고, 은혜로우면 사람을 부릴 수 있게 된다."

子張問仁於孔子. 孔子曰 能行五者於天下, 爲仁矣.

請問之. 曰 恭寬信敏惠. 恭則不侮, 寬則得衆,

信則人任焉, 敏則有功, 惠則足以使人.

자장문인어공자 공자왈 능행오자어천하 위인의

청문지 왈 공관신민혜 공즉불모 관즉득중

신즉인임언 민즉유공 혜즉족이사인

◆ 17-7

진(晉)나라 중모(中牟) 땅을 근거지로 모반을 일으켰던 필힐(佛肸)[6]이 초빙하자 공자가 가려고 했다. 자로가 말했다.

"예전에 저는 선생님께서 '스스로 직접 불선한 행위를 하는 사람 밑으로 군자는 들어가지 않는다'고 말씀하시는 것을 들은 적이 있습니다. 필힐이 중모 땅을 근거로 반란을 일으켰는데 선생님께서 가시려고 하는 것은 무엇 때문입니까?"

공자가 말했다.

"그렇지, 그렇게 말한 적이 있다. 그렇지만 사람들이 이렇게 말하지 않더냐. '단단하다고 말하지 않을 수 있는가, 갈아도 얇아지지 않으니. 희다고 말하지 않을 수 있는가, 물들여도 검어지지 않으니.' 내가 어찌 박이 될 수 있겠는가? 어찌 매달려만 있을 뿐 사람들이 먹지 않는 쓸모없는 것이 되겠는가?"

佛肸召, 子欲往. 子路曰 昔者由也聞諸夫子曰 親於其身爲不善者,

君子不入也. 佛肸以中牟畔, 子之往也,

如之何! 子曰 然. 有是言也. 不曰堅乎, 磨而不磷.

◆ ◆ ◆

6) 필힐(佛肸)은 진나라 대부 조간자(趙簡子)의 식읍(食邑)인 중모(中牟) 땅의 읍재(邑宰)로, 조간자의 전횡에 반대해 반란을 일으켰다.

不曰白乎, 涅而不緇. 吾豈匏瓜也哉? 焉能繫而不食?

필힐소 자욕왕 자로왈 석자유야문저부자왈 친어기신위불선자

군자불입야 필힐이중모반 자지왕야

여지하 자왈 연 유시언야 불왈견호 마이불린

불왈백호 날이불치 오기포과야재 언능계이불식

◆ 17-8

공자가 말했다.

"유(由, 자로)야, 너는 여섯 가지 덕목과 여섯 가지 폐단에 대해 들어본 적이 있느냐?"

자로가 대답하여 말했다.

"아직 듣지 못했습니다."

공자가 말했다.

"앉거라. 내가 너에게 말해주겠다. 인을 좋아하면서 배우기를 좋아하지 않으면 그 폐단은 어리석게 되는 것이다. 지혜를 좋아하면서 배우기를 좋아하지 않으면 그 폐단은 허황되게 되는 것이다. 신의를 좋아하면서 배우기를 좋아하지 않으면 그 폐단은 남을 해치게 되는 것이다. 정직함을 좋아하면서 배우기를 좋아하지 않으면 그 폐단은 각박하게 되는 것이다. 용기

를 좋아하면서 배우기를 좋아하지 않으면 그 폐단은 혼란하게
되는 것이다. 강함을 좋아하면서 배우기를 좋아하지 않으면
그 폐단은 무모하게 행동하는 것이다."

子曰 由也, 女聞六言六蔽矣乎? 對曰 未也.

"居! 吾語女. 好仁不好學, 其蔽也愚. 好知不好學, 其蔽也蕩.

好信不好學, 其蔽也賊. 好直不好學, 其蔽也絞.

好勇不好學, 其蔽也亂. 好剛不好學, 其蔽也狂."

자왈 유야 여문육언육폐의호 대왈 미야

거 오어녀 호인불호학 기폐야우 호지불호학 기폐야탕

호신불호학 기폐야적 호직불호학 기폐야교

호용불호학 기폐야란 호강불호학 기폐야광

◆ 17-9

공자가 말했다.

"제자들아, 왜 《시(詩)》를 배우지 않느냐? 시는 감정을 불러
일으키고, 세상 물정을 살필 수 있게 하고, 사람들과 함께할
수 있게 하고, 사리에 맞게 원망할 수 있게 한다. 가깝게는 부
모를 모실 수 있게 하고, 멀리는 임금을 섬길 수 있게 한다. 새

와 짐승, 풀과 나무의 명칭을 많이 알게 된다."

子曰 小子! 何莫學夫詩? 詩, 可以興, 可以觀, 可以群, 可以怨.
邇之事父, 遠之事君. 多識於鳥獸草木之名.
자왈 소자 하막학부시 시 가이흥 가이관 가이군 가이원
이지사부 원지사군 다지어조수초목지명

◆ 17-10
공자가 아들 백어(伯魚)에게 말했다.
"너는 《시경》의 〈주남〉과 〈소남〉편을 배웠느냐? 사람이 〈주
남〉과 〈소남〉을 배우지 않으면 바로 담을 마주하고 서 있는 것
과 같다."

子謂伯魚曰 女爲周南召南矣乎?
人而不爲周南召南, 其猶正牆面而立也與!
자위백어왈 여위주남소남의호
인이불위주남소남 기유정장면이립야여

◆ 17-11

공자가 말했다.

"예(禮)다, 예(禮)다 말하지만 옥과 비단을 말하는 것이겠는가? 음악이다, 음악이다 말하지만 종과 북을 말하는 것이겠는가?"

子曰 禮云禮云, 玉帛云乎哉? 樂云樂云, 鐘鼓云乎哉?
자왈 예운예운 옥백운호재 악운악운 종고운호재

◆ 17-12

공자가 말했다.

"얼굴빛은 위엄이 있지만 내면은 연약한 자를 소인에 비유하면 벽을 뚫고 담을 넘는 좀도둑과 같다."

子曰 色厲而內荏, 譬諸小人, 其猶穿窬之盜也與?
자왈 색려이내임 비제소인 기유천유지도야여

◆ 17-13

공자가 말했다.

"향원(鄕原)⁷⁾은 덕을 해치는 적이다."

子曰 鄕原, 德之賊也.

자왈 향원 덕지적야

◆ 17-14

공자가 말했다.

"길에서 들은 얄팍한 지식을 길에서 어설프게 말하는 것은 덕을 버리는 일이다."

子曰 道聽而塗說, 德之棄也.

자왈 도청이도설 덕지기야

◆ ◆ ◆

7) '향원(鄕原)'이란 지역사회에서 겉으로는 성실하고 정직한 듯 보이지만 실제로는 사람들로부터 좋은 사람이라는 평판을 얻기 위해 아부하는 사이비 군자를 가리킨다.

◆ 17-15

공자가 말했다.

"비루한 사람과 함께 정치에 참여할 수 있겠는가? 자리를 아직 얻지 못했을 때는 얻지 못할까 걱정하고, 자리를 얻고 나서는 잃을까 걱정한다. 만약 잃게 될까 걱정한다면 못하는 일이 없게 된다."

子曰 鄙夫可與事君也與哉? 其未得之也, 患得之.
既得之, 患失之. 苟患失之, 無所不至矣.
자왈 비부가여사군야여재 기미득지야 환득지
기득지 환실지 구환실지 무소부지의

◆ 17-16

공자가 말했다.

"옛날에는 백성들에게 세 가지 병폐가 있었다. 오늘날에는 그마저도 없어졌다. 옛날에 뜻이 높고 성급한 사람은 작은 예절에 구애받지 않았는데, 오늘날 뜻이 높고 성급한 사람은 중요한 예절도 무시한다. 옛날에 자긍심이 강한 사람은 엄격함이 있었는데, 오늘날 자긍심이 강한 사람은 화내며 다투기만

한다. 옛날에 어리석은 사람은 정직했는데, 오늘날 어리석은
사람은 속이기만 한다."

子曰 古者民有三疾, 今也或是之亡也. 古之狂也肆, 今之狂也蕩.
古之矜也廉, 今之矜也忿戾. 古之愚也直, 今之愚也詐而已矣.
자왈 고자민유삼질 금야혹시지무야 고지망야사 금지광야탕
고지긍야렴 금지금야분려 고지우야직 금지우야사이이의

◆ 17-17

공자가 말했다.
"말을 교묘히 잘하고 얼굴빛을 잘 꾸미는 사람 치고 인(仁)
한 사람이 드물다."

子曰 巧言令色, 鮮矣仁.
자왈 교언령색 선의인

◆ 17-18

공자가 말했다.

"중간색인 자주색이 정색(正色)인 붉은색을 침해하는 것을 미워하고, 비속한 정나라 음악이 아악(雅樂)을 어지럽히는 것을 미워하며, 말재주 있는 사람이 나라를 뒤엎는 것을 미워한다."[8]

子曰 惡紫之奪朱也, 惡鄭聲之亂雅樂也, 惡利口之覆邦家者.
자왈 오자지탈주야 오정성지란아악야 오리구지복방가자

◆ 17-19

공자가 말했다.

"나는 말을 하지 않고자 한다."

자공이 말했다.

◆ ◆ ◆

8) 자주색은 중간색이고 붉은색은 정색(正色)인데 사람들이 붉은색보다 자주색을 좋아하여 붉은색이 자신의 지위를 자주색에 빼앗긴다. 공자는 이를 바른 것이 바르지 못한 것에 압도당하는 것과 같다고 생각했다. 그래서 바르지 못한 색인 자주색, 바르지 못한 음악인 정나라 음악, 바르지 못한 말재주 있는 자들의 말이 바른 것을 어지럽히는 것을 싫어한 것이다.

"선생님께서 말씀하지 않으시면 저희들은 무엇을 후세에 전할 수 있겠습니까?"

공자가 말했다.

"하늘이 무슨 말을 하더냐? 사계절은 쉼 없이 변해가고, 온갖 것이 끊임없이 생성되지만 하늘이 무슨 말을 하더냐?"

子曰 予欲無言. 子貢曰 子如不言, 則小子何述焉? 子曰天何言哉?
四時行焉, 百物生焉, 天何言哉?

자왈 여욕무언 자공왈 자여불언 즉소자하술언 자왈천하언재
사시행언 백물생언 천하언재

◆ 17-20

유비(孺悲)[9]가 공자를 만나고자 했지만 공자는 병을 이유로 사양했다. 말을 전해 온 사람이 문밖으로 나가자, 공자는 거문고를 연주하면서 노래를 불러 말을 전해 온 사람으로 하여금 노래 소리를 듣게 했다.

◆ ◆ ◆

9) 유비(孺悲)는 노나라 사람으로 애공이 그를 공자에게 보내 사상례(士喪禮)를 배우게 했다.

孺悲欲見孔子, 孔子辭以疾. 將命者出戶, 取瑟而歌. 使之聞之.

유비욕현공자 공자사이질 장명자출호 취슬이가 사지문지

◆ 17-21

재아(宰我)가 물었다.

"삼년상(喪)은 일 년으로 줄여도 충분히 깁니다. 군자는 삼 년 동안 예(禮)를 행하지 않으면 예가 반드시 무너지고, 삼 년 동안 음악을 익히지 않으면 음악이 반드시 무너지게 됩니다. 묵은 곡식이 다 없어지고 새 곡식이 나오며, 불붙이는 나무도 일 년에 한 번 바뀌니 일 년이면 그만둘 만합니다."

공자가 말했다.

"쌀밥을 먹고, 비단옷을 입는 것이 너에게 편안하느냐?"

재아가 대답했다.

"편안합니다."

공자가 말했다.

"네가 편안하다면 그렇게 하거라! 군자는 상(喪)을 당해서는 맛있는 것을 먹어도 맛이 없고, 음악을 들어도 즐겁지 않고, 거처하는 것이 편안하지 않기에 그렇게 하지 않는 것이다. 지금 네가 편안하다면 그렇게 하거라!"

재아가 밖으로 나갔다. 공자가 말했다.

"재아는 인하지 못하구나! 자식이 태어나면 삼 년이 지난 후에 부모의 품을 벗어날 수 있다. 삼년상은 천하에 공통된 상례인데, 재아는 부모에게 삼 년 동안의 사랑을 받지 않았단 말인가?"

宰我問 三年之喪, 期已久矣. 君子三年不爲禮, 禮必壞.

三年不爲樂, 樂必崩. 舊穀旣沒, 新穀旣升, 鑽燧改火,

期可已矣. 子曰 食夫稻, 衣夫錦, 於女安乎? 曰 安.

女安則爲之! 夫君子之居喪, 食旨不甘, 聞樂不樂, 居處不安,

故不爲也. 今女安, 則爲之! 宰我出.

子曰 予之不仁也! 子生三年, 然後免於父母之懷. 夫三年之喪,

天下之通喪也. 予也有三年之愛於其父母乎?

재아문 삼년지상 기이구의 군자삼년불위례 예필괴

삼년불위악 악필붕 구곡기몰 신곡기승 찬수개화

기가이의 자왈 식부도 의부금 어녀안호 왈 안

여안즉위지 부군자지거상 식지불감 문악불락 거처불안

고불위야 금녀안 즉위지 재아출

자왈 여지불인야 자생삼년 연후면어부모지회 부삼년지상

천하지통상야 여야유삼년지애어기부모호

◆ 17-22

공자가 말했다.

"하루 종일 배부르게 먹고 마음 쓰는 곳이 없다면 곤란하다! 장기나 바둑이라도 있지 않은가? 그런 것이라도 하는 게 아무것도 하지 않는 것보다 낫다."

子曰 飽食終日, 無所用心, 難矣哉! 不有博弈者乎, 爲之猶賢乎已.
자왈 포식종일 무소용심 난의재 불유박혁자호 위지유현호이

◆ 17-23

자로가 말했다.

"군자도 용기를 숭상합니까?"

공자가 말했다.

"군자는 의(義)를 최상으로 여긴다. 군자가 용기만 있고 의가 없으면 난을 일으키고, 소인이 용기만 있고 의가 없으면 도둑질을 하게 된다."

子路曰 君子尙勇乎? 子曰 君子義以爲上. 君子有勇而無義爲亂,
小人有勇而無義爲盜.

자로왈 군자상용호 자왈 군자의이위상 군자유용이무의위란

소인유용이무의위도

◆ 17-24

자공이 말했다.

"군자도 싫어하는 것이 있습니까?"

공자가 말했다.

"싫어하는 것이 있다. 남의 단점을 말하는 사람을 싫어하고, 아래에 처하면서 윗사람을 헐뜯는 사람을 싫어하고, 용기만 있고 무례한 사람을 싫어하고, 과감하기만 하고 꽉 막힌 사람을 싫어한다."

공자가 말했다.

"사(賜, 자공)야, 너도 싫어하는 것이 있느냐?"

자공이 말했다.

"다른 사람의 생각을 훔치는 것을 지혜로 여기는 사람을 싫어하고, 공손하지 못함을 용기로 생각하는 사람을 싫어하고, 다른 사람의 비밀을 폭로하는 것을 정직으로 여기는 사람을 싫어합니다."

子貢曰 君子亦有惡乎? 子曰 有惡 惡稱人之惡者,

惡居下流而訕上者, 惡勇而無禮者, 惡果敢而窒者. 曰

賜也亦有惡乎? 惡徼以爲知者, 惡不孫以爲勇者, 惡訐以爲直者.

자공왈 군자역유오호 자왈 유오 오칭인지악자

오거하류이산상자 오용이무례자 오과감이질자 왈

사야역유오호 오요이위지자 오불손이위용자 오알이위직자

◆17-25

공자가 말했다.

"오직 여자와 소인은 기르기가 어렵다. 가까이하면 공손하지

않고, 멀리하면 원망한다."

子曰 唯女子與小人爲難養也, 近之則不孫, 遠之則怨.

자왈 유여자여소인위난양야 근지즉불손 원지즉원

◆17-26

공자가 말했다.

"나이 사십이 되어서도 미움을 받으면 그런 사람은 끝이다."

子曰 年四十而見惡焉, 其終也已.

자왈 연사십이견오언 기종야이

제 18 편

미자 微子

◆ 18-1

미자(微子)[1]는 떠났고, 기자(箕子)[2]는 노예가 되었고, 비간(比干)[3]은 간언하다가 죽었다. 공자가 말했다.

"은나라에 인(仁)한 사람이 세 명 있었다."[4]

微子去之, 箕子爲之奴, 比干諫而死. 孔子曰 殷有三仁焉.

미자거지 기자위지노 비간간이사 공자왈 은유삼인언

◆◆◆

1) 미자(微子)는 이름이 계(啓)이고, 은나라 제을(帝乙)의 큰 아들이며, 은나라 마지막 왕 주(紂)의 이복형이다.

2) 기자(箕子)는 이름이 서여(胥餘)이고, 주(紂)의 숙부이다. 주(紂)의 폭정에 대해 간언했지만 받아들여지지 않자 미치광이처럼 행세하여 노예가 되었다.

3) 비간(比干)은 주(紂)의 숙부이다. 주(紂)의 폭정에 대해 간언하다가 분노를 사 죽임을 당했다.

4) 은나라 마지막 왕인 주(紂)의 형인 미자는 왕의 폭정에 대해 간언하다가 받아들여지지 않자 미(微)나라로 도망갔다. 기자는 주(紂)의 숙부인데 폭정에 대해 간언하다가 노예가 되어 유폐되었고, 비간도 간언을 하다가 죽임을 당했다. 공자는 이 세 사람에 대해 주(紂)의 폭정에 대해 처신하는 태도는 각각 달랐지만 인(仁)한 사람이라고 평가하고 있다.

◆ 18-2

노나라 현인인 유하혜(柳下惠)가 법관을 지내다가 세 번이나 파면되었다. 사람들이 말했다.

"당신은 다른 나라로 떠나지 않습니까?"

유하혜가 말했다.

"정직한 도로 사람을 섬기면 어디로 간들 세 번 쫓겨나지 않겠는가? 도를 굽혀 사람을 섬기면 어찌 부모의 나라를 떠날 필요가 있겠는가?"

柳下惠爲士師, 三黜. 人曰 子未可以去乎? 曰 直道而事人,

焉往而不三黜? 枉道而事人, 何必去父母之邦.

유하혜위사사 삼출 인왈 자미가이거호 왈 직도이사인

언왕이불삼출 왕도이사인 하필거부모지방

◆ 18-3

제나라 경공(景公)이 공자의 대우에 대해 말했다.

"노나라 상경(上卿)인 계씨(季氏)만큼은 내가 대우해줄 수 없고, 상경(上卿)인 계씨(季氏)와 하경(下卿)인 맹씨(孟氏)의 중간 정도로 대우하겠소."

제나라 경공이 얼마 후에 다시 말했다.

"나는 늙었으니 선생을 등용할 수 없겠소."

그러자 공자는 떠났다.

齊景公待孔子, 曰 若季氏則吾不能, 以季孟之閒待之.

曰 吾老矣, 不能用也. 孔子行.

제경공대공자 왈 약계씨즉오불능 이계맹지간대지

왈 오노의 불능용야 공자행

◆ 18-4

제나라에서 노나라로 미녀들과 악사들을 보냈다. 노나라 실권
자인 계환자(季桓子)가 그들을 받아들이고는 삼 일 동안 조회
를 열지 않았다. 공자는 노나라를 떠났다.

齊人歸女樂, 季桓子受之. 三日不朝, 孔子行.

제인귀녀락 계환자수지 삼일부조 공자행

◆ 18-5

초나라의 광인(狂人) 접여(接輿)[5]가 노래를 부르면서 공자의 수레 앞을 지나갔다.

"봉황이여, 봉황이여! 어찌 그렇게 덕이 쇠했는가! 지나간 것은 말릴 수 없지만 다가올 일은 오히려 따라 은거할 수 있다. 그만두어라, 그만두어라! 오늘날 정치하는 자들은 위태로울 뿐이다."

공자가 수레에서 내려 그와 더불어 이야기하고자 했지만 빠른 걸음으로 달아나버려서 그와 이야기할 수 없었다.

> 楚狂接輿歌而過孔子曰 鳳兮! 鳳兮! 何德之衰? 往者不可諫,
> 來者猶可追. 已而, 已而! 今之從政者殆而! 孔子下,
> 欲與之言. 趨而辟之, 不得與之言.
> 초광접여가이과공자왈 봉혜 봉혜 하덕지쇠 왕자불가간
> 내자유가추 이이 이이 금지종정자태이 공자하
> 욕여지언 추이피지 부득여지언

◆ ◆ ◆

5) 접여(接輿)는 초나라 사람으로 미친 척하고 세상을 피해 살았던 은자이다.

◆18-6

은자인 장저(長沮)와 걸닉(桀溺)이 나란히 밭을 갈고 있었다.
공자가 그곳을 지나다가 자로에게 나루터가 어디에 있는지 물
어보게 했다. 장저가 말했다.

"수레 고삐를 잡고 있는 사람은 누구인가?"

자로가 대답했다.

"공구(孔丘)이십니다."

장저가 말했다.

"그는 노나라 공구인가?"

자로가 대답했다.

"그렇습니다."

장저가 말했다.

"그가 나루터 있는 곳을 잘 알 것이오."

자로가 걸닉에게 물으니 걸닉이 말했다.

"당신은 누구인가?"

자로가 대답했다.

"중유(仲由, 자로)라고 합니다."

걸닉이 물었다.

"그대는 노나라 공구의 무리인가?"

자로가 대답했다.

"그렇습니다."

걸닉이 말했다.

"강물이 도도하게 흘러가는 것처럼 천하의 모든 것이 이와 같은데 누가 세상을 바꿀 수 있겠는가? 또 사람을 피하는 선비를 따르기보다는 세상을 피하는 선비를 따르는 것이 낫지 않겠는가?"

그러고는 씨앗 덮는 일을 멈추지 않았다. 자로가 돌아와 그 일을 공자에게 아뢰었다. 공자가 길게 탄식하며 말했다.

"사람이 새와 짐승들과 더불어 무리지어 살 수는 없다. 내가 사람의 무리와 함께하지 않는다면 누구와 함께하겠는가? 천하에 도가 있으면 나는 세상을 바꾸려 하지 않을 것이다."

長沮桀溺耦而耕, 孔子過之, 使子路問津焉. 長沮曰 夫執輿者爲誰?

子路曰 爲孔丘. 曰 是魯孔丘與? 曰 是也. 曰

是知津矣. 問於桀溺. 桀溺曰 子爲誰? 曰 爲仲由.

曰 是魯孔丘之徒與? 對曰 然. 曰 滔滔者天下皆是也,

而誰以易之? 且而與其從辟人之士也, 豈若從辟世之士哉?

耰而不輟. 子路行以告. 夫子憮然曰 鳥獸不可與同群,

吾非斯人之徒與而誰與? 天下有道, 丘不與易也.

장저걸닉우이경 공자과지 사자로문진언 장저왈 부집여자위수

자로왈 위공구 왈 시노공구여 왈 시야 왈

시지진의 문어걸닉 걸닉왈 자위수 왈 위중유

왈 시노공구지도여 대왈 연 왈 도도자천하개시야

이수이역지 차이여기종피인지사야 기약종피세지사재

우이불철 자로행이고 부자무연왈 조수불가여동군

오비사인지도여이수여 천하유도 구불여역야

◆ 18-7

자로가 공자를 따라가다가 뒤처졌는데, 지팡이로 대바구니를 메고 있는 노인을 만났다. 자로가 물었다.

"노인장께서는 선생님을 보셨습니까?"

노인이 말했다.

"손발을 부지런히 움직이지 않고 오곡을 구분하지 못하는데, 누구를 선생이라고 하겠는가?"

그러고는 지팡이를 꽂아 두고 김을 맸다. 자로가 공경하는 마음으로 두 손을 모아 잡고 서 있었다. 노인이 자로를 집에서 묵게 해주었다. 닭을 잡고 기장밥을 지어 대접하고 그의 두 아들을 소개했다. 다음 날, 자로가 되돌아가 공자에게 그 일을 말했다. 공자가 말했다.

"은자로구나."

그리고 자로를 다시 보내 만나보게 했다. 그곳에 도착해보니 노인은 밖에 나가고 없었다. 자로가 말했다.

"벼슬을 하지 않으면 의(義)가 없어지고 어른과 아이 사이의 예절도 버릴 수 없는데, 군주와 신하의 의를 어찌 버릴 수 있겠습니까? 자신의 몸을 깨끗이 하고자 하면 큰 인륜을 어지럽힐 수 있습니다. 군자가 벼슬을 하는 것은 의를 행하는 것입니다. 도가 행해지기 어렵다는 것은 이미 알고 계십니다."

子路從而後, 遇丈人, 以杖荷蓧. 子路問曰 子見夫子乎?

丈人曰 四體不勤, 五穀不分. 孰爲夫子? 植其杖而芸.

子路拱而立. 止子路宿, 殺雞爲黍而食之, 見其二子焉.

明日, 子路行以告. 子曰 隱者也. 使子路反見之.

至則行矣. 子路曰 不仕無義. 長幼之節, 不可廢也.

君臣之義, 如之何其廢之? 欲潔其身, 而亂大倫. 君子之仕也,

行其義也. 道之不行, 已知之矣.

자로종이후 우장인 이장하조 자로문왈 자견부자호

장인왈 사체불근 오곡불분 숙위부자 식기장이운

자로공이립 지자로숙 살계위서이식지 현기이자언

명왈 자로행이고 자왈 은자야 사자로반견지

지즉행의 자로왈 불사무의 장유지절 불가폐야

군신지의 여지하기폐지 욕결기신 이란대륜 군자지사야

행기의야 도지불행 이지지의

◆ 18-8

은거한 사람들로는 백이(伯夷), 숙제((叔齊), 우중(虞仲)[6], 이일
(夷逸)[7], 주장(朱張)[8], 유하혜(柳下惠), 소련(小連)[9]이 있다. 공자가
말했다.

"뜻을 굽히지 않고 몸을 욕되게 하지 않은 것은 백이와 숙제
이다."

또 말했다.

"유하혜, 소련은 뜻을 굽히고 몸을 욕되게 했다. 하지만 말
은 윤리에 맞고 행동은 생각에 맞았으니, 이와 같이 살았다."

또 말했다.

◆◆◆

6) 우중(虞仲)은 주나라 고공(古公)의 아들로 동생 계력(季歷)에게 왕위를 물려주
기 위해 형인 태백(泰伯)과 함께 형만(荊蠻) 지역으로 가서 은거했다.

7) 이일(夷逸)은 어떤 사람인지 알 수 없다.

8) 주장(朱張)은 어떤 사람인지 알 수 없다.

9) 소련(小連)은 어떤 사람인지 알 수 없다.

"우중과 이일은 은거하면서 말을 제멋대로 했지만 몸가짐은 깨끗했고, 은거함은 상황에 들어맞았다. 나는 이들과는 다르 니 꼭 그렇게 해야 하는 것도 아니고, 그렇게 하지 않아야 하 는 것도 아니다."

逸民 伯夷叔齊虞仲夷逸朱張柳下惠少連. 子曰 不降其志,
不辱其身, 伯夷叔齊與! 謂柳下惠少連, 降志辱身矣.
言中倫, 行中慮, 其斯而已矣. 謂虞仲夷逸, 隱居放言.
身中淸, 廢中權. 我則異於是, 無可無不可.
일민 백이숙제우중이일주장유하혜소련 자왈 불강기지
불욕기신 백이숙제여 위유하혜소련 강지욕신의
언중륜 행중려 기사이이의 위우중이일 은거방언
신중청 폐중권 아즉이어시 무가무불가

◆ 18-9

노나라 악관(樂官)인 태사(大師) 지(摯)는 제나라로 갔고, 두 번째 식사의 음악을 맡은 간(干)은 초나라로 갔고, 세 번째 식 사의 음악을 맡은 요(繚)는 채나라로 갔고, 네 번째 식사의 음 악을 맡은 결(缺)은 진(秦)나라로 갔다. 북을 치던 방숙(方叔)은 하내(河內)로 들어갔고, 작은 북을 흔들던 무(武)는 한중(漢中)으로 들어갔으며, 악관을 보좌하던 양(陽)과 편경을 치던 양(襄)은 바다 섬으로 갔다.[10]

大師摯適齊, 亞飯干適楚, 三飯繚適蔡, 四飯缺適秦.
鼓方叔入於河, 播鼗武入於漢, 少師陽擊磬襄入於海.
태사지적제 아반간적초 삼반료적채 사반결적진
고방숙입어하 파도무입어한 소사양격경양입어해

◆18-10

주공(周公)[11]이 아들 백금(伯禽)이 노나라 제후로 부임해 갈 때 말했다.

"군자는 친한 사람을 버리지 않는다. 대신(大臣)이 자신의 의견을 쓰지 않는다고 원망하게 하지 않는다. 오랜 친구는 큰일

◆ ◆ ◆

10) 노나라의 정치가 혼란해지자 음악을 관장하던 악사들이 여러 지역으로 흩어지게 되었음을 말한다.
11) 주공(周公)은 이름은 단(旦)이며 주나라 무왕의 아들로 성왕(成王)을 보좌한 성인이다.

이 아니면 버리지 않는다. 한 사람에게 모든 것을 다 갖추기를
요구하지 않는다."

周公謂魯公曰 君子不施其親, 不使大臣怨乎不以.
故舊無大故, 則不棄也. 無求備於一人.
주공위노공왈 군자불시기친 불사대신원호불이
고구무대고 즉불기야 무구비어일인

◆ 18-11

주나라에 여덟 명의 선비가 있다. 백달(伯達), 백괄(伯适), 중
돌(仲突), 중홀(仲忽), 숙야(叔夜), 숙하(叔夏), 계수(季隨), 계와(季
騧)이다.

周有八士 伯達伯适仲突仲忽叔夜叔夏季隨季騧.
주유팔사 백달백괄중돌중홀숙야숙하계수계와

| 제 19 편 | **자장** 子張

◆ 19-1

자장[1]이 말했다.

"선비는 위태로운 일을 보면 목숨을 바치고, 이득을 볼 때는 의로운지를 생각하며, 제사를 지낼 때는 공경을 생각하고, 상을 당할 때는 슬픔을 생각한다. 그렇다면 괜찮은 선비이다."

子張曰 士見危致命, 見得思義, 祭思敬, 喪思哀, 其可已矣.
자장왈 사견위치명 견득사의 제사경 상사애 기가이의

◆ 19-2

자장이 말했다.

"덕을 지키는 것이 폭넓지 않고 도에 대한 믿음이 돈독하지 않다면 어찌 그것이 있다고 하겠으며, 어찌 그것이 없다고 하겠는가?[2]

◆ ◆ ◆

1) 자장(子張)은 공자의 제자로 성(姓)은 전손(顓孫)이고 이름은 사(師)이다. 진(陳)나라 사람이고 공자보다 48세 연하이다. 《공자가어》에서는 자장이 용모가 뛰어나고 성격이 너그러우며 사람들과 폭넓게 사귀고, 평소에 자신의 일에만 신경 쓰고 인의(仁義)를 실천하는 데는 힘쓰지 않아 공자의 문인들이 그를 사귀면서도 공경하지 않았다고 말한다.

子張曰 執德不弘, 信道不篤, 焉能爲有? 焉能爲亡?

자장왈 집덕불홍 신도부독 언능위유 언능위망

◆ 19-3

자하[3]의 제자가 자장에게 친구 사귀는 일에 대해 물었다. 자장이 말했다.

"자하는 무엇이라 말하던가?"

자하의 문인이 대답했다.

"자하께서는 "사귈 만한 사람은 함께하고, 사귈 만하지 않은 사람은 상대하지 말라"고 하셨습니다."

자장이 말했다.

◆ ◆ ◆

2) '덕(德)을 지키는 것이 폭넓지 않다'는 것은 덕을 다양한 삶의 영역에서 실천하지 못함을 의미하고, '도(道)에 대한 믿음이 돈독하지 않다'는 것은 인간이 배우고 실천해야 할 도의 중요성을 모름을 의미한다. 도에 대한 믿음이 없는 인간은 배움의 길로 나아가지 않을 것이고, 덕을 지키는 것이 편협한 인간은 삶 속에서 타인을 배려하기 어렵다.

3) 자하(子夏)는 공자의 제자로 성(姓)은 복(卜)이고 이름은 상(商)이며, 자(字)는 자하(子夏)이다. 위나라 사람으로 공자보다 44세 연하이고 자유(子游)와 함께 문학으로 인정받았다. 《공자가어》에서는 자하가 마음이 관대하지는 않지만 논의를 정교하게 잘하여 당시에 그를 뛰어넘을 만한 사람이 없었다고 말한다.

"내가 선생님에게 들은 것과는 다르구나. 군자는 현명한 이를 존경하지만 뭇 사람을 포용하고, 선한 사람을 아름답게 여기지만 능력 없는 사람을 불쌍히 여긴다. 내가 위대한 현인이라면 다른 사람을 어찌 포용하지 못하겠는가? 내가 현명하지 못하다면 다른 사람들이 나를 멀리할 것이니, 어찌 내가 다른 사람을 멀리할 수 있겠는가?"

子夏之門人 問交於子張. 子張曰 子夏云何?
對曰 子夏曰 可者與之, 其不可者拒之. 子張曰 異乎吾所聞.
君子尊賢而容衆, 嘉善而矜不能. 我之大賢與, 於人何所不容?
我之不賢與, 人將拒我, 如之何其拒人也?
자하지문인 문교어자강 자장왈 자하운하
대왈 자하왈 가자여지 기불가자거지 자장왈 이호오소문
군자존현이용중 가선이긍불능 아지대현여 어인하소불용
아지불현여 인장거아 여지하기거인야

◆ 19-4
자하가 말했다.
"비록 의술이나 점술 같은 작은 기술이라도 볼 만한 것이 있다. 그러나 원대한 것을 이루는 데 방해가 될까 두렵다. 그러므로 군자는 작은 기술을 배우지 않는다."

子夏曰 雖小道, 必有可觀者焉; 致遠恐泥, 是以君子不爲也.
자하왈 수소도 필유가관자언 치원공니 시이군자불위야

◆ 19-5
자하가 말했다.
"날마다 모르는 것을 알아가고 달마다 능한 것을 잊지 않는다면 배움을 좋아한다고 할 만하다."

子夏曰 日知其所亡, 月無忘其所能, 可謂好學也已矣.
자하왈 일지기소무 월무망기소능 가위호학야이의

◆ 19-6
자하가 말했다.
"널리 배우고 뜻을 돈독히 하며 절실하게 묻고 가까운 것으로부터 생각해간다면 인(仁)이 그 가운데 있다."

子夏曰 博學而篤志, 切問而近思, 仁在其中矣.

자하왈 박학이독지 절문이근사 인재기중의

◆19-7

자하가 말했다.

"모든 장인이 공방에 있으면서 자신의 일을 완수하듯 군자
는 배움으로써 도를 완성한다."

子夏曰 百工居肆以成其事, 君子學以致其道.

자하왈 백공거사이성기사 군자학이치기도

◆19-8

자하가 말했다.

"소인은 잘못을 하면 반드시 말을 꾸며 변명한다."

子夏曰 小人之過也必文.

자하왈 소인지과야필문

◆ 19-9

자하가 말했다.

"군자는 세 가지 다른 면이 있다. 멀리서 바라보면 엄숙한 듯하고, 가까이에서 보면 온화하며, 그 말을 들으면 엄정하다."

子夏曰 君子有三變, 望之儼然, 卽之也溫, 聽其言也厲.

자하왈 군자유삼변 망지엄연 즉지야온 청기언야려

◆ 19-10

자하가 말했다.

"군자는 백성들에게 신뢰를 얻은 후에 백성을 부린다. 아직 신뢰를 얻지 못했는데 백성을 부리면 백성은 자기들을 괴롭힌다고 생각한다. 군자는 윗사람에게 신뢰를 얻은 후에 간언한다. 아직 신뢰를 얻지 못했는데 간언하면 윗사람은 자기를 헐뜯는다고 생각한다."

子夏曰 君子信而後勞其民, 未信則以爲厲己也.

信而後諫, 未信則以爲謗己也.

자하왈 군자신이후노기민 미신즉이위려기야

◆ 19-11

자하가 말했다.

"큰 덕이 한계를 넘지 않으면 작은 덕은 융통성 있게 해도 좋다."

子夏曰 大德不踰閑, 小德出入可也.

자하왈 대덕불유한 소덕출입가야

◆ 19-12

자유가 말했다.

"자하의 제자들은 물 뿌리고 청소하고, 인사하고, 나아가고 물러나는 것은 잘한다. 그러나 이것은 말단이고, 근본적인 것은 아니니 어찌 해야 할까?"

자하가 그 말을 듣고 말했다.

"아, 자유가 과하구나! 군자의 도에서 무엇이 먼저라 하여 전하고, 무엇이 나중이라 하여 게을리하겠는가? 초목에 비유하면 종류에 따라 구별하는 것과 같다. 군자의 도를 어찌 속이겠는가? 시작이 있고, 끝이 있는 것은 오직 성인뿐이구나!"

子游曰 子夏之門人小子, 當洒掃應對進退, 則可矣.
抑末也, 本之則無. 如之何? 子夏聞之曰 噫! 言游過矣!
君子之道, 孰先傳焉? 孰後倦焉? 譬諸草木, 區以別矣.
君子之道, 焉可誣也? 有始有卒者, 其惟聖人乎!
자유왈 자하지문인소자 당쇄소응대진퇴 즉가의
억말야 본지즉무 여지하 자하문지왈 희 언유과의
군자지도 숙선전언 숙후권언 비저초목 구이별의
군자지도 언가무야 유시유졸자 기유성인호

◆ 19-13
자하가 말했다.
"벼슬하고 여유가 있으면 배우고, 배우고서 여유가 있으면 벼슬을 한다."

子夏曰 仕而優則學, 學而優則仕.
자하왈 사이우즉학 학이우즉사

◆ 19-14

자유가 말했다.

"상(喪禮)을 당해서는 슬픔을 지극히 하는 데서 그친다."

子游曰 喪致乎哀而止.

자유왈 상치호애이지

◆ 19-15

자유가 말했다.

"나의 친구 자장은 어려운 것을 잘한다. 그러나 인(仁)하지는 않다."

子游曰 吾友張也, 爲難能也. 然而未仁.

자유왈 오우장야 위난능야 연이미인

◆ 19-16

증자가 말했다.

"당당하구나, 자장이여! 하지만 함께 인을 실천하기는 어렵다."

曾子曰 堂堂乎張也, 難與並爲仁矣.

증자왈 당당호장야 난여병위인의

◆ 19-17

증자가 말했다.

"내가 선생님에게 들으니 '사람이 스스로 지극히 하는 일이 없더라도 반드시 부모님의 상(喪)을 당해서는 지극히 해야 한다'고 하셨다."

曾子曰 吾聞諸夫子. 人未有自致者也, 必也親喪乎!

증자왈 오문저부자 인미유자치자야 필야친상호

◆ 19-18

증자가 말했다.

"내가 선생님에게 들으니, '노나라 맹장자(孟莊子)[4]의 효는 다

◆ ◆ ◆

4) 맹장자(孟莊子)는 노나라 대부로 성(姓)은 맹(孟)이고 이름은 속(速)이며, 시호는 장(莊)이다. 그의 아버지 맹헌자(孟獻子)는 노나라의 현명한 대부였다.

른 것은 따라할 수 있지만 아버지의 신하와 아버지의 정치를
바꾸지 않은 것은 따라하기 어렵다'고 하셨다."

曾子曰 吾聞諸夫子. 孟莊子之孝也, 其他可能也. 其不改父之臣,
與父之政, 是難能也.

증자왈 오문저부자 맹장자지효야 기타가능야 기불개부지신
여부지정 시난능야

◆ 19-19

노나라 대부 맹손씨(孟孫氏)가 양부(陽膚)[5]를 법관으로 삼았는
데, 양부가 증자에게 법관의 일에 대해 물었다. 증자가 말했다.
"윗사람이 도를 잃어 백성들이 흩어진 지 오래되었다. 만약
백성들의 실제 정황을 파악했다면 불쌍히 여기고 기뻐하지
말아야 한다."

孟氏使陽膚爲士師, 問於曾子. 曾子曰 上失其道, 民散久矣.
如得其情, 則哀矜而勿喜.

◆ ◆ ◆

5) 양부(陽膚)는 증자의 제자이다.

◆ 19-20

자공이 말했다.

"은나라 마지막 왕 주(紂)의 불선함이 이와 같이 심하지는
않았다. 이 때문에 군자는 낮은 곳에 거처하는 것을 싫어하니,
천하의 모든 악이 그에게 돌아가기 때문이다."[6]

子貢曰 紂之不善, 不如是之甚也.

是以君子惡居下流, 天下之惡皆歸焉.

자공왈 주지불선 불여시지심야

시이군자오거하류 천하지악개귀언

◆ ◆ ◆

6) 자공은 은나라 왕 주(紂)가 폭군이었지만 실제로는 후대 사람들이 말하는 것
처럼 심하지는 않았다고 주장한다. 다만 주(紂)의 행동이 평소에 좋지 않았기 때
문에 낮은 지역에 더러운 물이 흘러드는 것처럼 그가 모든 나쁜 짓을 했다고 말하
게 된 것이다. 그러므로 도에 뜻을 둔 군자는 모든 나쁜 것이 모여드는 낮은 곳에
처신하기를 꺼린다. 한번 나쁘다고 소문이 나면 세상의 모든 안 좋은 이야기들이
모두 그를 향하기 때문이다.

◆19-21

자공이 말했다.

"군자의 잘못은 일식이나 월식과 같다. 잘못하면 사람들이 모두 그것을 바라보고 잘못을 고치면 사람들이 모두 우러러 본다."

子貢曰 君子之過也, 如日月之食焉. 過也, 人皆見之.

更也, 人皆仰之.

자공왈 군자지과야 여일월지식언 과야 인개견지

경야 인개앙지

◆19-22

위나라 대부 공손조(公孫朝)⁷⁾가 자공에게 물었다.

"중니(仲尼, 공자)는 어디에서 배웠는가?"

자공이 말했다.

"주나라 문왕과 무왕의 도가 땅에 떨어지지 않고 사람들에게 남아 있습니다. 현자는 그중 큰 것을 기억하고, 현명하지

◆ ◆ ◆

7) 공손조((公孫朝)는 위나라 대부인데 자세한 것은 알 수 없다.

않은 사람은 작은 것을 기억하니 문왕과 무왕의 도가 없는 곳이 없습니다. 선생님께서도 어찌 배우지 않으셨겠습니까? 하지만 또한 어찌 일정한 스승이 있으셨겠습니까?"

衛公孫朝問於子貢曰 仲尼焉學? 子貢曰文武之道, 未墜於地, 在人.
賢者識其大者, 不賢者識其小者, 莫不有文武之道焉.
夫子焉不學? 而亦何常師之有?
위공손조문어자공왈 중니언학 자공왈문무지도 미추어지 재인
현자지기대자 불현자지기소자 막불유문무지도언
부자언불학 이역하상사지유

◆ 19-23
노나라 대부 숙손무숙(叔孫武叔)[8]이 조정에서 대부들에게 말했다.
"자공이 공자보다 현명하다."
자복경백(子服景伯)[9]이 자공에게 그 말을 해주었다. 자공이

◆ ◆ ◆
8) 숙손무숙(叔孫武叔)은 노나라 대부로 이름은 주구(州仇)이고 시호는 무(武)이다.
9) 자복경백(子服景伯)은 노나라 대부로 이름은 하(何)이다.

말했다.

"집의 담장에 비유하면 나의 담장은 어깨 높이 정도여서 집의 좋은 모습을 엿볼 수 있습니다. 그러나 선생님의 담장은 높이가 몇 길이나 되어 문으로 들어가지 않으면 종묘의 아름다움과 많은 관리들의 성대함을 볼 수 없습니다. 문으로 들어간 사람은 적을 것입니다. 숙손무숙이 그렇게 말씀하시는 것도 당연하지 않겠습니까?"

叔孫武叔語大夫於朝, 曰 子貢賢於仲尼. 子服景伯以告子貢.

子貢曰 譬之宮牆, 賜之牆也及肩, 窺見室家之好.

夫子之牆數仞, 不得其門而入, 不見宗廟之美, 百官之富.

得其門者或寡矣. 夫子之云, 不亦宜乎!

숙손무숙어대부어조 왈 자공현어중니 자복경백이고자공

자공왈 비지궁장 사지장야급견 규견실가지호

부자지장수인 부득기문이입 불견종묘지미 백관지부

득기문자혹과의 부자지운 불역의호

◆ 19-24

노나라 대부 숙손무숙(叔孫武叔)이 중니(仲尼, 공자)를 헐뜯었
다. 자공이 말했다.

"그만하시오, 중니는 헐뜯는 것이 불가능한 분입니다. 다른
사람의 현명함은 언덕과 같아서 넘을 수 있지만 중니는 해와
달 같은 분이라서 넘을 수 없습니다. 사람이 비록 스스로 관계
를 끊는다 해도 해와 달에게 무슨 손상이 되겠습니까? 다만
자신의 한계를 알지 못함을 드러낼 뿐입니다."

叔孫武叔毀仲尼. 子貢曰 無以爲也, 仲尼不可毀也.

他人之賢者, 丘陵也, 猶可踰也. 仲尼, 日月也, 無得而踰焉.

人雖欲自絶, 其何傷於日月乎? 多見其不知量也!

숙손무숙훼중니 자공왈 무이위야 중니불가훼야

타인지현자 구릉야 유가유야 중니 일월야 무득이유언

인수욕자절 기하상어일월호 다견기부지량야

◆ 19-25

진자금(陳子禽)[10]이 자공에게 말했다.

"그대는 겸손하다. 중니(仲尼)가 어찌 그대보다 현명하겠는

가?"

자공이 말했다.

"군자는 한마디 말로 지혜롭다고 여겨지고 한마디 말로 지혜롭지 않다고 여겨지기도 하니, 말을 조심하지 않을 수 없습니다. 공자 선생님에게 미칠 수 없는 것은 하늘을 사다리로 오를 수 없는 것과 같습니다. 선생님께서 나라를 맡아 다스리신다면 이른바 세우고자 하면 서고, 인도하면 따르고, 편안하게 하면 오고, 감동시키면 조화롭게 될 것입니다. 살아계실 때는 영예로 생각하고 돌아가실 때는 슬퍼할 것이니 어떻게 선생님의 경지에 이를 수 있겠습니까?"

陳子禽謂子貢曰 子爲恭也, 仲尼豈賢於子乎?

子貢曰 君子一言以爲知, 一言以爲不知, 言不可不愼也.

夫子之不可及也, 猶天之不可階而升也.

夫子之得邦家者, 所謂立之斯立, 道之斯行, 綏之斯來, 動之斯和.

其生也榮, 其死也哀, 如之何其可及也.

◆ ◆ ◆

10) 진자금(陳子禽)은 자공의 제자로 성(姓)은 진(陳)이고 이름은 항(亢)이다. 〈학이〉편 10장과 〈계씨〉편 13장에 등장하는 인물로, 공자의 제자라고 일컬어지기도 한다.

진자금위자공왈 자위공야 중니기현어자호

자공왈 군자일언이위지 일언이위부지 언불가불신야

부자지불가급야 유천지불가계이승야

부자지득방가자 소위립지사립 도지사행 수지사래 동지사화

기생야영 기사야애 여지하기가급야

| 제 20 편 | 요왈 堯曰

◆20-1

요(堯)임금이 말했다.

"아, 그대 순(舜)이여! 하늘이 정한 왕위 계승의 법칙이 그대에게 있으니 진실로 그 중심을 잡아라. 세상이 곤궁해지면 하늘이 내린 녹(祿)이 영원히 끊어질 것이다."

순(舜)임금 또한 우(禹)임금에게 이 말씀을 명했다.

은나라 탕(湯)임금이 말했다.

"저 소자(小子) 리(履)[1]는 감히 검은 소를 희생 제물로 바쳐 위대하신 하느님께 밝게 아룁니다. 죄가 있으면 제가 마음대로 용서할 수 없으니, 당신의 신하인 걸(桀)의 죄도 덮어줄 수 없습니다. 선택은 당신의 마음에 달려 있습니다. 만약 저에게 죄가 있다면 만방(萬方)의 백성 때문이 아닙니다. 만약 만방(萬方)의 백성에게 죄가 있다면 그 죄는 저에게 있습니다."

주나라 무왕이 은나라 폭군 주(紂)를 토벌하면서 말했다. 주나라는 하늘의 큰 혜택이 있어서 선한 사람들이 많았다.

"비록 주(紂)나라에 친한 사람이 많지만 인(仁)한 사람이 있는 것만 못하다. 백성들에게 잘못이 있는 것은 나 한 사람에게 책임이 있다."

◆ ◆ ◆

1) 리(履)는 탕왕의 이름이다.

도량형을 신중히 정하고, 법도를 세밀하게 살피고, 폐지된 관직을 되살렸더니 사방의 정치가 잘 시행되었다. 멸망한 나라를 다시 세우고, 끊어진 세대를 이어주고, 숨은 인재를 등용하니 천하의 백성들이 그에게 마음을 의지했다. 소중하게 여긴 것은 백성, 양식, 상례(喪禮), 제사였다. 관대하면 많은 사람을 얻고, 신의가 있으면 백성들이 신임하고, 민첩하게 일을 처리하면 공(功)이 있고, 공정하면 백성들이 기뻐한다.

堯曰 咨! 爾舜! 天之曆數在爾躬. 允執其中. 四海困窮, 天祿永終.
舜亦以命禹. 曰 予小子履, 敢用玄牡, 敢昭告于皇皇后帝,
有罪不敢赦. 帝臣不蔽, 簡在帝心. 朕躬有罪, 無以萬方. 萬方有罪,
罪在朕躬. 周有大賚, 善人是富. 雖有周親, 不如仁人. 百姓有過,
在予一人. 謹權量, 審法度, 修廢官, 四方之政行焉. 興滅國, 繼絶世,
擧逸民, 天下之民歸心焉. 所重 民食喪祭. 寬則得衆, 信則民任焉,
敏則有功, 公則說.
요왈 자 이순 천지력수재이궁 윤집기중 사해곤궁 천록영종
순역이명우 왈 여소자리 감용현모 감소고우황황후제
유죄불감사 제신불폐 간재제심 짐궁유죄 무이만방 만방유죄
죄재짐궁 주유대뢰 선인시부 수유주친 불여인인 백성유과
재여일인 근권량 심법도 수폐관 사방지정행언 흥멸국 계절세

거일민 천하지민귀심언 소중 민식상제 관즉득중 신즉민임언

민즉유공 공즉열

◆ 20 - 2

자장이 공자에게 물었다.

"어떻게 하면 정치에 종사할 수 있습니까?"

공자가 말했다.

"다섯 가지 아름다움을 존중하고 네 가지 악한 일을 물리치면 정치에 종사할 수 있다."

자장이 말했다.

"무엇이 다섯 가지 아름다움입니까?"

공자가 말했다.

"군자는 은혜를 베풀되 낭비하지 않고, 수고롭게 해도 원망하지 않고, 바라는 일이 있어도 탐하지 않고, 태연하지만 교만하지 않고, 위엄이 있지만 사납지 않다."

자장이 말했다.

"무엇이 은혜를 베풀어 낭비하지 않는 것입니까?"

공자가 말했다.

"백성들이 이롭게 여기는 것을 하게 해주면 이것이 또한 은

혜를 베풀어 낭비하지 않는 것이 아니겠는가? 수고롭게 할 만한 자를 택해 수고롭게 하니 또 무엇을 원망하겠는가? 인을 행하고자 하여 인을 얻었으니 또 무엇을 탐하겠는가? 군자는 많고 적음을 상관하지 않고, 작고 큼을 상관하지 않으니, 이것이 또한 태연하면서도 교만하지 않음이 아니겠는가? 군자는 의관을 바르게 하고 시선을 존엄하게 하니, 위엄이 있어 사람들이 바라보고 외경심을 가지니, 이 또한 위엄 있지만 사납지 않은 것이 아니겠는가?"

자장이 말했다.

"무엇이 네 가지 악한 일입니까?"

공자가 말했다.

"가르치지 않고 죽이는 것을 잔학(殘虐)하다고 하고, 미리 주의시키지 않고 일을 완수했는지 살피는 것을 포악(暴惡)하다고 하며, 명령은 태만히 내리면서 기한은 각박하게 따지는 것을 해친다고 한다. 똑같이 주면서도 출납을 인색하게 하는 것을 유사(有司)라고 한다.[2]"

◆ ◆ ◆

2) 공자는 잔학함과 포악함, 해침, 인색함에 대해서 말하고 있다. 이 가운데 인색함이란 어차피 주어야 하는데 인색하게 하여 창고의 물품 출납을 맡고 있는 유사(有司)같이 행동하는 것을 말한다.

子張問於孔子曰 何如斯可以從政矣?

子曰 尊五美, 屛四惡, 斯可以從政矣. 子張曰 何謂五美?

子曰 君子惠而不費, 勞而不怨, 欲而不貪, 泰而不驕, 威而不猛.

子張曰 何謂惠而不費? 子曰 因民之所利而利之,

斯不亦惠而不費乎? 擇可勞而勞之, 又誰怨? 欲仁而得仁, 又焉貪?

君子無衆寡, 無小大, 無敢慢, 斯不亦泰而不驕乎?

君子正其衣冠, 尊其瞻視, 儼然人望而畏之,

斯不亦威而不猛乎? 子張曰 何謂四惡? 子曰

不教而殺謂之虐. 不戒視成謂之暴. 慢令致期謂之賊.

猶之與人也, 出納之吝, 謂之有司.

자장문어공자왈 하여사가이종정의

자왈 존오미 병사악 사가이종정의 자장왈 하위오미

자왈 군자혜이불비 노이불원 욕이불탐 태이불교 위이불맹

자장왈 하위혜이불비 자왈 인민지소리이리지

사불역해이불비호 택가로이로지 우수원 욕인이득인 우언탐

군자무중과 무소대 무감만 사불역태이불교호

군자정기의관 존기첨시 엄연인망이외지

사불역위이불맹호 자장왈 하위사악 자왈

불교이살위지학 불계시성위지폭 만령치기위지적

유지여인야 출납지린 위지유사

◆20-3

공자가 말했다.

"천명(天命)을 알지 못하면 군자가 될 수 없고, 예(禮)를 알지 못하면 제대로 설 수 없고, 말을 알지 못하면 사람을 알 수 없다."

子曰 不知命, 無以爲君子也. 不知禮, 無以立也.

不知言, 無以知人也.

자왈 부지명 무이위군자야 부지예 무이립야

부지언 무이지인야

결국은 논어

발행일 | 2022년 10월 31일

지은이 | 공자
옮긴이 | 정영수
펴낸이 | 장재열

펴낸곳 | 단한권의책
출판등록 | 제251-2012-47호 2012년 9월 14일
주소 | 서울시 은평구 서오릉로 20길 10-6
전화 | 010-2543-5342
팩스 | 070-4850-8021
이메일 | jjy5342@naver.com
블로그 | http://blog.naver.com/only1books

ISBN | 979-11-91853-22-3 03100
값 | 17,500원